寶部部主—南方寶生如來（14 -15 世紀）

不空成就佛（15 世紀）

佛眼佛母為出生佛部功德之母

可增長福德財寶的尊勝佛母（14 世紀）

地藏菩薩手持寶珠能予眾生無盡財寶（14 世紀）

虛空藏菩薩（日本江戶時代・高野山）

二臂彌勒菩薩圖像

一面三十臂彌勒菩薩圖像

綠度母圖像

軍荼利明王具足寶生佛的增益特德

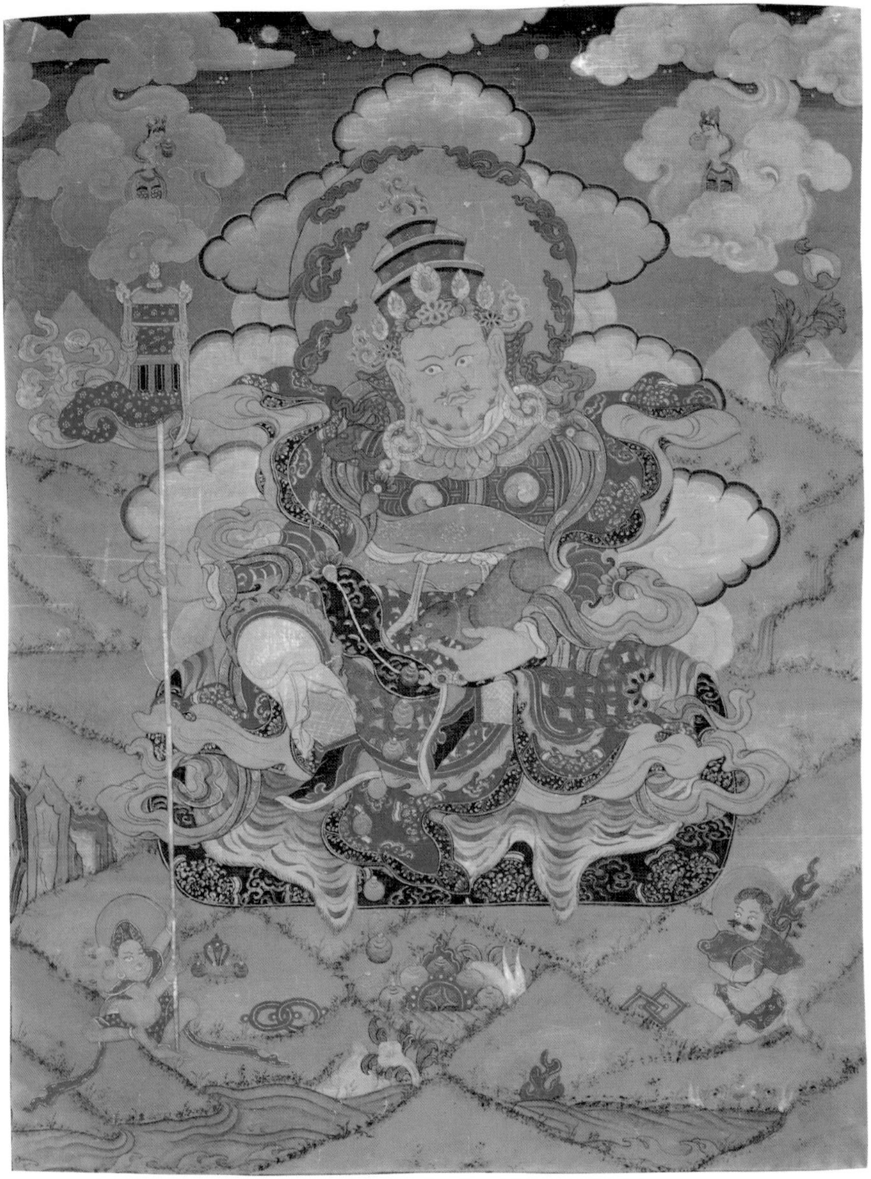

北方財寶天王（毗沙門天）

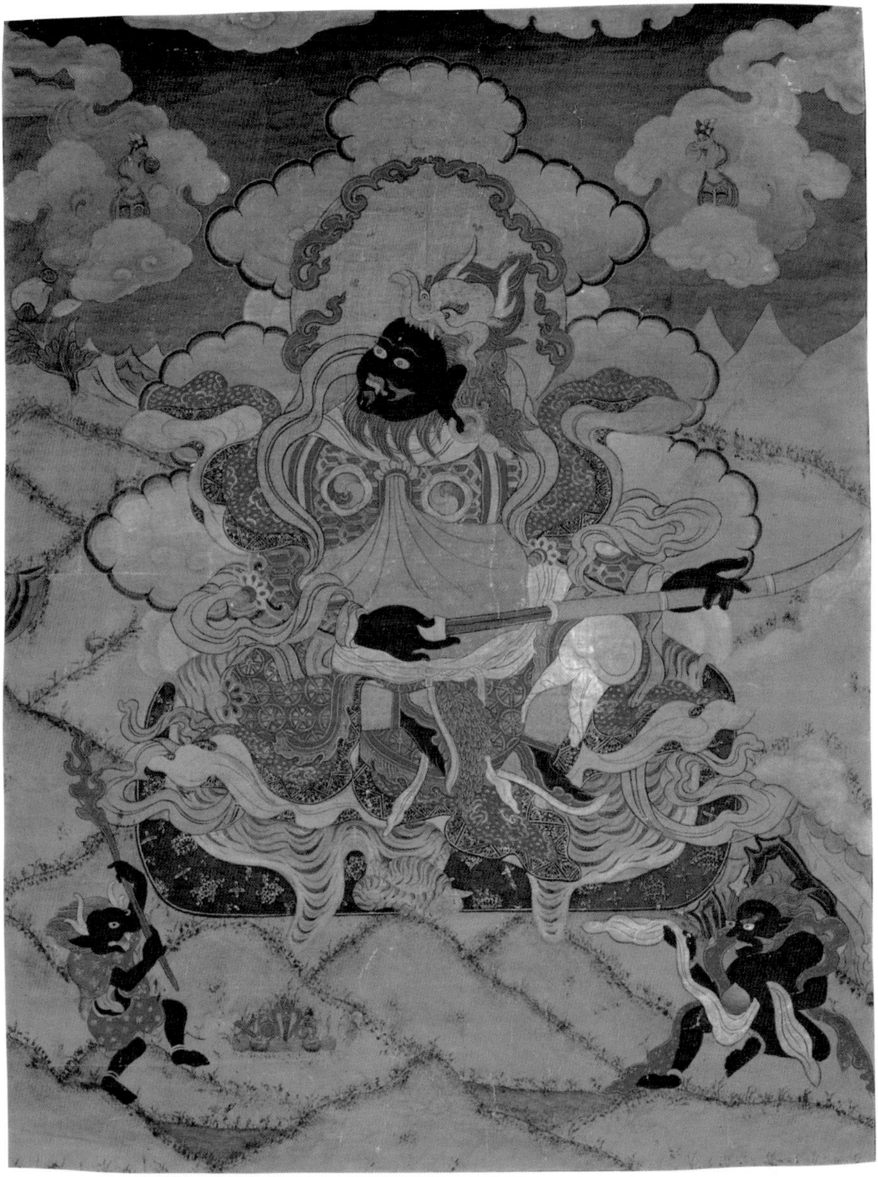

南方增長天王

東方持國天王

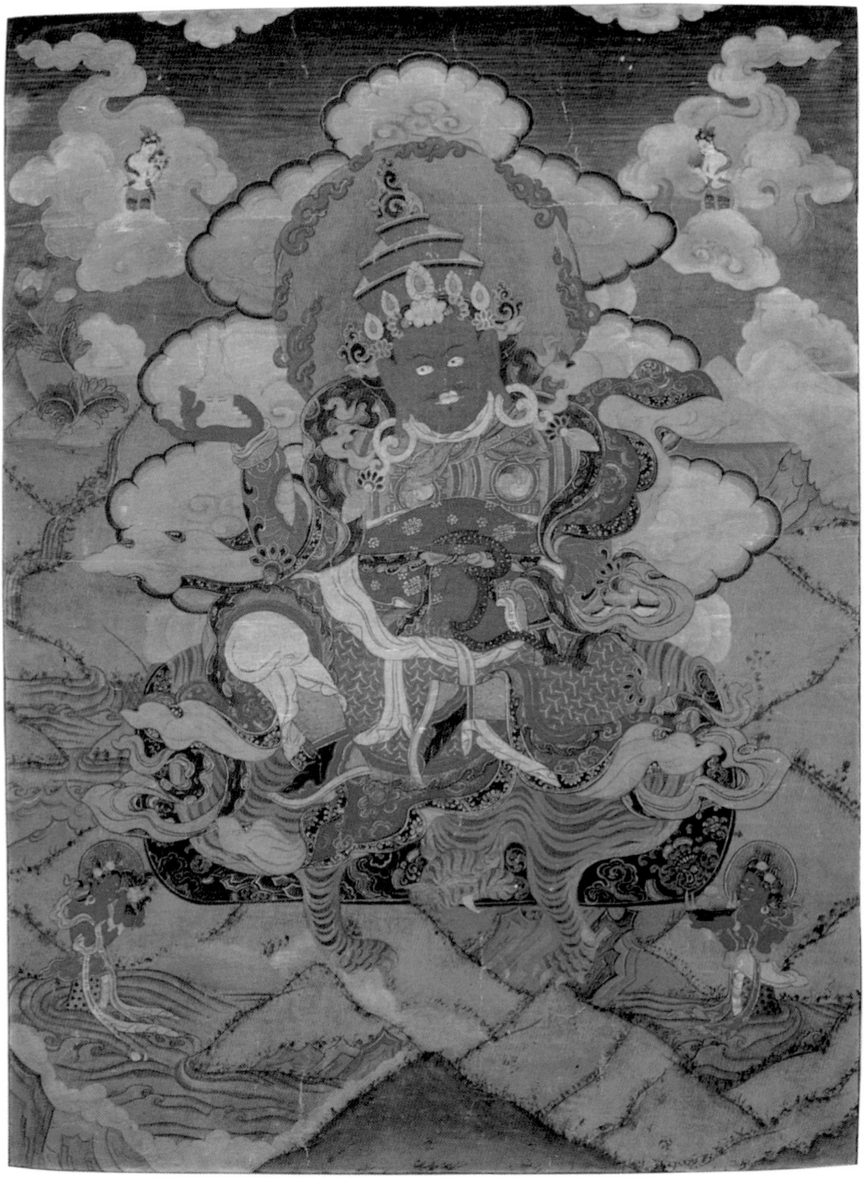

西方廣目天王

地天

藏密六臂白瑪哈嘎拉（17 世紀）

蓮師化現的給薩財神

佛教小百科12

財寶本尊與財神

諸佛菩薩為了救度眾生免於貧苦窮困，乃至具足廣大的財富，來行使佛法事業，弘法利生，因此特別化現出財寶本尊與財神，來利益救度有情眾生。

本書羅列了佛教的財寶本尊與財神，以及其特德、真言、圖像等，使讀者在閱讀、修持之餘，更獲得財寶本尊及護法的有力擁護。

目錄

第1篇 佛法中的財寶

第2篇 佛教的財寶本尊

第3篇 諸天護法財神

出版緣起

佛法的深妙智慧，是人類生命中最閃亮的明燈，不只在我們困頓、苦難時，能撫慰我們的傷痛；更在我們幽暗、徘徊不決時，導引我們走向幸福、光明與喜樂。

佛法不只帶給我們心靈中最深層的安定穩實，更增長我們無盡的智慧，來覺悟生命的實相，達到究竟圓滿的正覺解脫。而在緊張忙碌、壓力漸大的現代世界中，讓我們的心靈，更加地寬柔、敦厚而有力，讓我們具有著無比溫柔的悲憫。

在進入二十一世紀的前夕，我們需要讓身心具有更雄渾廣大的力量，來接受未來的衝擊，並體受更多彩的人生。而面對如此快速遷化而多元無常的世間，我們也必須擁有十倍速乃至百倍速的決斷力及智慧，才能洞察實相。

同時在人際關係與界面的虛擬化與電子化過程當中，我們更必須擁有更廣大的心靈空間，來使我們的生命不被物質化、虛擬化、電子化。因此，在大步邁向新世紀之時，如何讓自己的心靈具有強大的覺性、自在寬坦，並擁有更深廣的慈悲能力，將是人類重要的課題。

生命是如此珍貴而難得，由於我們的存在，所以能夠具足喜樂、幸福，因自覺解脫而能離苦得樂，更能如同佛陀一般，擁有無上的智慧與慈悲。這種菩提種子的苗芽，是生命走向圓滿的原力，在邁入二十一世紀時，我們必須更加的充實。

因此，如何增長大眾無上菩提的原力，是〈全佛〉出版佛書的根本思惟。所以，我們一直擘畫最切合大眾及時代因緣的出版品，期盼讓所有人得到真正的菩提利益，以完成〈全佛〉（一切眾生圓滿成佛）的究竟心願。

《佛教小百科》就是在這樣的心願中，所規劃提出的一套叢書，我們希望透過這一套書，能讓大眾正確的理解佛法、歡喜佛法、修行佛法、圓滿佛法，讓所有的人透過正確的觀察體悟，使生命更加的光明幸福，並圓滿無上的菩提。

因此，《佛教小百科》是想要完成介紹佛法全貌的拚圖，透過系統性的分門別類，把一般人最有興趣、最重要的佛法課題，完整的編纂出來。我們希望讓《佛教小百科》成爲人手一册的隨身參考書，正確而完整的描繪出佛法智慧的全相，並提煉出無上菩提的願景。

佛法的名相眾多，而意義又深微奧密。因此，佛法雖然擁有無盡的智慧寶藏，對人生深具啟發與妙用，但許多人往往困於佛教的名相與博大的系統，而難以受用其中的珍寶。

其實，所有對佛教有興趣的人，都時常碰到上述的這些問題，而我們在學佛的過程中，也不例外。因此，我們希望《佛教小百科》，不僅能幫助大眾了解佛法的名詞及要義，並且能夠隨讀隨用。

《佛教小百科》這一系列的書籍，期望能讓大眾輕鬆自在並有系統的掌握佛教的知識及要義。透過《佛教小百科》，我們如同掌握到進入佛法門徑鑰匙，得以一窺佛法廣大的深奧。

《佛教小百科》系列將導引大家，去了解佛菩薩的世界，探索佛菩薩的外相、內義，佛教曼荼羅的奧祕，佛菩薩的真言、手印、持物，佛教的法具、宇宙觀……等等，這一切與佛教相關的命題，都是我們依次編纂的主題。透過每一個主題，我們將宛如打開一個個窗口一般，可以探索佛教的真相及妙義。

而這些重要、有趣的主題，將依次清楚、正確的編纂而出，讓大家能輕鬆的了解其意義。

在佛菩薩的智慧導引下，全佛編輯部將全心全力的編纂這一套《佛教小百科》系列叢書，讓這套叢書能成爲大家身邊最有效的佛教實用參考手册，幫助大家深入佛法的深層智慧，歡喜活用生命的寶藏。

財寶本尊與財神——序

修行是生命中最長遠的旅程，爲了圓滿成就生命的修行之旅，修行者必須具備廣大的菩提資糧與福德，才能在這長遠的生命旅程中，超越重重的困難與目標，而達到無上菩提的境界。

行步在修行的路途之中，所要具備的資糧，包括了世間及出世間兩種；出世間的智慧、慈悲、功德再加上世間的福德，讓修行者能快速到達圓滿的目標。因此，在佛教當中，雖然諸佛、菩薩等本尊，都具足無上的福德智慧，但是有一些本尊因爲在因緣上特有著福德的表徵，並具有特別的修習福德法門，因此就被視爲祈請世間、出世間資糧的福德財寶本尊。

財寶福德本尊在顯教與密教中都有，尤其在密教中，是更加的盛行。如在密教中屬於南方寶部的佛菩薩，都可視為財寶、福德的本尊。財寶本尊的根本心要，當然是要讓我們修證出世間的智慧福德而圓滿成佛，但在緣起上，他們所具備的廣大福德，也能讓祈請或修行其法門的大眾，具足世間的福報，因此不管是在世間或出世間上，都受到廣大的歡迎。

這本《財寶本尊與財神》是為了使大眾對佛教的財寶本尊乃至護法財神，有正確的理解，所編纂而成。因為大部份的人都很歡喜供養這些佛教中具足財寶、福德的本尊與財神，但是往往卻只知道供養與修法，卻不能深刻的了解其意義。因此，若只是一味在世間的富貴財寶中追求，而不了解這些財寶本尊、護法的悲心與願心，實為可惜！

佛教的財寶本尊與財神，若是能發菩提心如法的祈請、修持，必定能夠如願地得到其廣大的加持，而具足財寶資糧，無有匱乏。除此之外，我們同時也應該了解，一切修行是以成就圓滿福慧為中心，所以在佛法中，這些世間的福報，仍是要以修證為中心的。因為這些世間的福報，是修證成就的根本資糧，如果僅是受用世間的福報，那就辜負了這些佛菩薩本尊、護法眾們，為利益眾生圓滿成佛的悲心了！

因此，期望大眾從本書當中，了解到這些財寶本尊與財神的悲心與願力，並受到其護祐，在具足福德資糧之後，更以此為基礎，而上求無上菩提，具足世間與出世間的福慧，如此必定能受到這些本尊、護法更有力的擁護。

第1篇

佛法中的財寶

第一章 象徵福德圓滿的佛身

在佛教中，常用「寶」來形容諸佛菩薩及法門的崇高尊貴。如稱呼至高無上的佛陀爲「寶王」，諸佛菩薩的莊嚴法相爲「寶相」；真如清淨的佛性爲「寶性」；稱呼佛、法、僧爲佛教中的「三寶」；稱呼諸佛的清淨國土爲「寶土」、「寶地」等。而以寶來稱念佛菩薩及法門，除了因爲彼等都是無上珍貴的表徵之外，在內義上，其實同樣有著世間、出世間的福慧圓滿的意義。

佛陀是福慧同時圓滿的兩足尊，在無量的生死大海中，由於發起無上的菩提心，修習布施、持戒、忍、精進、禪定、智慧等六度萬行，而圓滿成就了大慈悲、大智慧，成爲福慧雙足的兩足至尊。

佛陀具有無量福德，他的福德是同時具有世間及出世間的福德，並以三十二相、八十種好來作爲圓滿福德的表徵。而佛法中福德的成就，主要是以大悲心爲根本，布施等妙行來圓滿的。因此，如果要具足世、出世間的福德，必須發起慈悲的菩提心，並實踐布施波羅蜜等菩薩行來圓滿，而這也是佛法中修證一切世、出世間福德，所需具備的根本心要。

佛身是一切生命中最圓滿的身相，代表福德、智慧圓滿具足的象徵，佛身微妙相的微相，稱爲三十二相（梵名 duātriṃsan mahā-puruṣa-laksanāni），又名爲三十二大丈夫相、三十二大人相。這三十二相的形成，是佛陀經歷了長久的修證而獲得的，這是福德、智慧、悲心、願力的圓滿結果。在這三十二相的形成中，福德資糧是極重要的根本原因。

例如佛身上都是微細柔滑的紫磨金色相，微妙光潔恰如眾寶莊嚴的妙金臺。這金色相（梵名 suraṇa-varṇa）的形成，就是因爲佛陀在過去修行時，布施給與令人欣喜的飲食、車乘、衣服、莊嚴器具等資身的物品，並遠離瞋恚，以慈眼觀視眾生，所感得的妙相。

此外，像佛陀的手足極為柔軟，宛如兜羅錦一般，而且顏色赤紅，十分好看。這稱為手足柔軟相（梵名 nṛdu-taruṇa-hasta-pāda-tala），這個相好是佛陀在過去修行時，用上妙衣服、飲食、臥具供養師長，以父母師長有病痛時，親身事奉供養而感得形成的妙相。

佛陀的圓滿身相中，有許多都是因為以慈悲心布施財富，而感得這些妙相。這是極為重要的關鍵，佛陀在過去世修行時，由於大悲善心的布施，因此擁有了許多的福德、財寶資糧，而他因為具有了無數的財寶、福德，又再發心布施，成就更大的福德、財寶，再予以布施，形成了善性循環。這種福德、財寶的無限循環，在以智慧與慈悲的無上菩提心主導之下，愈循環愈廣大，雖然是如幻的空花佛事，但最後成為福德、智慧圓具的佛果，實在不可思議。

因此，財寶、福德在佛法修行的過程中，具有無比的妙用，雖然我們不必貪著財寶，但擁有無數的財寶、福德，來從事無盡善的循環，以成就佛國淨土，卻也是諸佛菩薩過去所示現的修行妙法。

諸佛的淨土有無盡的莊嚴，其中多是由七寶、珍財所形成。這也是由無量的財寶、福德，由善性的循環所成就的，是慈悲、布施與智慧運用，所成就的莊嚴果德。

第二章 財寶自在的菩薩行者

我們觀察莊嚴的菩薩法相，雖然是體悟了空性，但是每一位菩薩都是瓔珞隨身，莊嚴無比。菩薩是不會貪著這些瓔珞珍寶的，但是他們爲何要如此示現呢？正因爲他們不貪著財寶，所以這些財寶、福德，正是善心、福報、慈悲、智慧與空性，所現起的果實，所以菩薩只是展現出福德、空性與智慧的自然果德而已，而從另一種角度來看，也能對眾生有深刻的教化意義。

畢竟，善人具有財富、珍寶來從事無盡的善行，要比惡人具有財富、珍寶，卻拿去造作惡業的行爲，前者對這個世間是善的循環，後者卻是墮落。而具有智慧、悲心的菩薩擁有財寶、福德，更能幫助一切眾生，不僅在世間擁有安樂幸福的生活，更能導引眾生修行正法，成就無上菩提的佛果，建立圓滿光明的清淨佛土。

所以，我們如果仔細觀察，可以發現哪個菩薩不富貴？但又有那個菩薩執著富貴了？看到佛經中，菩薩們隨手解下價值百千黃金的瓔珞珍寶相互供養，實在令人感動，因爲他們有心又有力，能真正實踐佛化世界的理想。畢竟手中空無所有，說要布施一切，雖然心意也令人感動，但總是少了一些力量，去成就真正的福德事業。

因此，像觀世音菩薩又名爲觀自在，即被認爲具有十種自在。這十自在是指：⑴壽自在：能延促性命。⑵心自在：在生死中無染。⑶財自在：能隨意樂現起，由布施所得。⑷業自在：唯作善事及勸他人爲善。⑸生自在：隨欲能往生，由戒行所得。⑹勝解自在：能隨欲變現，由安忍所得。⑺願自在：隨觀行所樂成，由精進所得。⑻神力自在：起最勝神通，由定力所得。⑼智自在：隨順言音智慧。⑽法自在：對於契經等，由慧力所得。

其中第三種自在，即爲財自在，這是能隨著心中的意樂而自在現起財富，而財自在能力的獲得，是由布施所成的。而這十種自在，與在《華嚴經》〈十地品〉中所說的相同，因此也是十地菩薩所應具足的能力。由此我們了解財富的自在，是修習菩薩行的重要能力。

除此之外在《華嚴經疏鈔》卷六十也有塵德、財物德、聖法德、解脫等四德。其中塵德，是以色、聲、香、味、觸等五塵境，幻化美麗無比。財物德，是指擁有七寶無不珍奇。聖法德，是三藏聖法無不齊備。解脫德，是人人皆具有解脫之分，善得解脫自在者廣繁眾多。由此可見，不管是具足珍財或外境精美無比，這也是修行的妙德所現。

在佛教中轉輪聖王是極為重要的，也是護持佛法的人王。而聖王也具有四種福德：大富、端正姝好、無疾病、長壽。這又稱為輪王四德，語出《樓炭經》卷二。

大富，是指轉輪王擁有無數珍寶、田宅、奴婢、珠玉、象馬、工巧眾等，富甲天下，無有匹敵者。端正姝好，是指轉輪王顏貌端正姝好，天下無雙。無疾病，是指轉輪王其身自在，寒暑不侵，所有的飲食，愉快享樂，百病不生。長壽，是指轉輪王能常安穩長壽。

由此看來，在佛法中不管世間或出世間，都認爲良善的財寶，是應當努力擁有的。

而像《華嚴經》中〈善財童子五十三參〉的主角善財，也可視爲修行的一個典範。

善財童子是印度覺城的年輕佛教徒。由於前生善因緣的果報，因此當他初住母胎之時，他家裏就自然而有七大寶藏。出生之時，又有五百寶器出現，因此他父母替他取名爲「善財」。而且，據《華嚴經》所載，他已曾在過去諸佛處，廣修供養，深種善根而常樂清淨；並且喜歡親近善知識，修習菩薩行。

所以，具足福報資糧來修習菩薩行，實在是如理的菩提妙行。

第三章 無邊福德的財寶本尊

由於在佛法中對福德、財寶的深刻理解，因此產生了許多重要的財寶本尊，一方面能賜給眾生世間的福德、財富，同時也能加持眾生具足一切的功德、智慧、慈悲等出世間的福德，使眾生圓滿世間與出世間的福德、財寶，擁有廣大的力量，成就無上菩提的大道。

在佛法中，這些具足無邊福德的財寶本尊，從過去世的因地修行開始，就不斷的布施世間與出世間的財寶給予眾生。因此，當他們修行成就，當然具有更大的福德力，也更樂於施與眾生無量的珍寶。所以，只要如法、如理的修行、祈請，當然會得到財寶本尊的加持與賜福，而最後終能與他們一樣，具足無量的福德、財寶與智慧、悲心。

而這些財寶本尊，不只受人祈請、敬禮，而賜福予人，並且更留下了許多修行法門，讓有緣的大眾依法修持，如願的獲得這些世間與出世間的珍寶、財富。

除了財寶本尊與其法門，或是一些特有的修福法門之外，在佛教中有許多的護法與諸天善神等，由於具有極大的福德資糧及無量的財富、珍寶，時常發心賜福給修行正法的眾生，不管是修行佛法，或向這些護法財神祈請、禮拜，乃至修持他們的法門，都能如理的獲得珍寶、財富，具足修行無上菩提的資糧。

這些財寶本尊與財神，都是以廣大的慈悲願力，使修行人能具足資財弘法利生，不被生活所困，而安心向道，賜予修行人財富豐足，廣結善緣，勤行布施，以成就無上菩提心，而圓滿成佛。

佛教的財寶本尊、財神及其法門，在密教中後來集成為增益法門，並成為密教的四大法門之一。

一般的財寶諸尊，是以經常做為增益法之本尊、護法、財神為主。增益法（梵名 pustika），梵音譯為布瑟徵迦法。又稱增長法、增榮法。在《八字文殊軌》又稱之爲求福智門，《毗那耶迦祕要》稱之爲求財。是祈求五穀成就、福壽增長的修法。

在《七俱胝佛母所說准提陀羅尼經》中解釋說：「求延命、官榮、伏藏、富饒、聰慧、聞持不忘、藥法成就、金剛杵等成就、資糧圓滿速成無上菩提，名爲增益法。」

另外，依據《檜尼護摩法略抄》所解釋，增益法有四種：

(1)福德增益：祈求世間之快樂。

(2)勢力增益：祈求官位爵祿。

(3)延命增益：祈求無病長壽。

(4)悉地增益：祈求獲得轉輪王位。

雖然偉大的佛菩薩，都具有無量的福德，都是我們祈福、修福的對象。但是在緣起上，有些佛菩薩的修證過程、法門與果德上，特別具足能成就福德資糧的因緣。這一類的佛菩薩，受到修行者與信眾的禮拜修持時，這一層福德因緣，會被特別的彰顯。

這些財寶本尊，在顯教中，原本就存在；而在密教中，由於修法的需要，數量就更多了，而成爲大眾所歡喜禮拜的福德本尊。除此之外，有些天神，原本就具有財神性格，在成爲佛教護法之後，這樣的特質，當然持續的存在。

在本書中，將介紹佛菩薩及諸天護法等財寶諸尊，使誠願祈求者，不僅能得到世間的財寶資糧，更能深刻了知諸尊深刻的悲心，進而使自身也如同諸佛一般，成爲世間與出世間福德圓滿者。

金剛界的寶部諸尊

佛教的財寶本尊，除了單一諸尊外，在密教金剛界曼荼羅中，更進一步以寶部諸尊，來彰顯如來無邊福德的特性。

在密教的發展中，許多的教法開始系統化，到了金剛界成立時，開始有系統的成立了中央佛部、東方金剛部、南方寶部、西方蓮華部及北方事業部等五部教法。在這五部當中，佛部以毗盧遮那佛、金剛部以阿閦佛、寶部以寶生佛、蓮華、部以阿彌陀佛、事業部以不空成就佛，爲各部的主尊。

這五部當中的寶部，又稱爲摩尼部，是顯示佛陀的萬德圓滿中，福德無邊，如同摩尼寶藏一般，所以稱爲寶部。

寶生佛是南方寶部的主尊，是代表一切諸佛的廣大福德，能加持眾生成就世間與出世間的一切大寶福德，圓滿無上正覺。也因此在《攝真實經》中說證寶生如來三昧時，當觀南方世界，乃至山河草木都成爲黃金色。並觀想從五指之間雨下如意寶珠，這如意寶珠又雨下天衣服、天妙甘露、天音樂、天寶宮殿，乃至眾生一切所樂，都使之圓滿。而這手印就名爲「能令圓滿一切眾生所受樂印」，能滿足眾生一切願。因此寶生佛不僅能出生一切菩提心寶，也能出生一切眾寶，濟助眾生的貧苦，圓滿世間與出世間的大寶。所以寶生如來，即是一切佛妙寶的修行主體。

寶部代表著一切諸佛的福德，其實是福德本尊的主體。在金剛界曼荼羅五解脫輪中，南方寶生佛與金剛寶、金剛光、金剛幢、金剛笑等四親近菩薩，及四波羅蜜中的寶波羅蜜菩薩等均屬此部。我們將在後文中詳細介紹。

迅速滿願的密教護摩（火供）法

密教的護摩法，是一種能夠迅速得到本尊加持，使所求願滿的修法。

護摩（homa），又作護魔、戶摩、呼魔、呼麼等，意義是將供物投入火中供養。在《大日經疏》卷十五中說：「護摩是燒義也」，不僅意爲焚燒，且本意爲燒食供養。另外，在《一切經音義》卷四十一中，也說明護摩是火祭法，即將供物焚於火中，並以之供養諸聖賢。

護摩法，源於婆羅門教供養火神阿耆尼，以爲驅魔求福之作法，事火婆羅門在火神的祭祀中，將供物投入祭壇之爐中，火焰表示入於諸佛之口中，諸神依此得力以降伏諸魔，而賜福予人們。在此，佛教將其內涵，加以轉化昇華，依法性意義融攝之，並成爲密教之重要修法。在《大日經疏》卷二十中說：「護摩是以智慧之火焚燒煩惱的薪柴，使其窮盡無餘。」而在《尊勝佛頂真言修瑜伽軌儀》卷下則說，護摩者就如同爲火天一般，火能燒草木森林，使其無有剩餘，所以智火也是如此，能燒除一切無明，無不窮盡。

護摩法有三種法、四種法、五種法、六種法之別，這幾種護摩法，都包含了增益法。而護摩法中，最常見的是四種護摩法，即密教修法中：消除災難、疾病等惡事的「息災法」，增長福德、壽命、智慧的「增益法」，得佛菩薩護佑、眾人敬重的「敬愛法」，降伏煩惱、怨敵的「降伏法」等四種護摩法。

其中增益法的護摩法（火供），是為了增益自身及他人之壽命、福德、智慧等之修法。一般人智慧難以增長、功德難以圓滿、資財無法聚足，都是因為自身之無福善之業力所招感的，所以，修此法以法身毗盧遮那福智圓滿的三密加持，滋長善福，以利修行。

因為增長力的緣故，以地大之三昧耶來表現，所以增益護摩法的火壇，架為地大形之方壇，其顏色為黃色，以寶部之諸尊為本尊，修行者向東方半跏趺坐，焚燒果木。

修持此財寶本尊的增益護摩法，可以幫助行者迅速地聚集福善資糧，具足世間、出世間的財寶。

第四章 佛經中常見的寶物

在經典中，我們經常可以看到諸佛菩薩、諸天護法等聖眾，以許多寶物莊嚴自身及道場。以下介紹佛經中各種常見的寶物。

◎七寶

七寶（梵名 saptaratnāni）指七種珍寶，又稱七珍，指金、銀、琉璃、玻璨、硨磲、赤珠、碼碯。此七寶的名稱出自鳩摩羅什所譯之《阿彌陀經》，而玄奘所譯之《稱讚淨土經》則稱此七寶為「金、銀、吠琉璃、頗胝迦、牟娑落揭拉婆、赤真珠、阿濕摩揭拉婆」。此七寶之名，古代諸經論之譯名頗有異同。以《無量壽經》的譯本爲例，漢、魏、唐、宋譯本之譯語就有不同的譯法。

此外，依《法華經》卷四〈寶塔品〉及《佛地經論》卷一所載，即將七寶中之玻瓈，代以玫瑰（karketana）。

⑴金（suvarṇa）：指黃金，又稱爲紫金。梵名蘇代刺那（修跋拏），譯爲妙色或好色。

佛經中在讚歎佛身妙好莊嚴時，常用妙色身、金色身之語。《翻譯名義集》卷三引真諦的解釋，舉出金的四種特色：㈠顏色不變；㈡體性純然無染；㈢能熔鑄成各種器具，轉作無礙；㈣令人富貴。經中以此四種特性來譬喻法身常、淨、我、樂四種特德。

⑵銀（rūpya）：指白銀。

⑶瑠璃（vaidūrya）：又作毗瑠璃、吠瑠璃耶、鞞頭黎等。譯爲「青色寶」或「不遠」。是一種類似玉的寶石。中國、日本常誤以爲此是有色玻璃。此詞古來多作「流離」，後代在使用時都加上玉偏旁。《慧琳音義》卷一中說：須彌山南面是此寶所成，其寶青色，晶瑩透徹而有光明，凡有物靠近之，皆映成同一色

，而帝釋天的髻珠也是此寶所成，此寶是天生神物，不是人間鍊石造作出來，焰火所成的瑠璃。

(4)玻瓈（sphaṭika）：即水晶。又作薩頗胝迦、颯頗置加、塞頗胝迦、頗梨等。《慧琳音義》卷四中則說：玻瓈的古譯爲水精，這種說法並不完全正確，因爲玻瓈雖然類似水晶，卻有紫、白、紅、碧等四種顏色差別，其中具備晶瑩、清淨、通達、明透四種要件者，則是寶中最上等的。顏色以紅碧色最珍貴，紫白次之，如上好的光明砂，清淨無有瑕點。

(5)硨磲（musāragalva）：梵音牟娑落揭拉婆。可能是指白珊瑚。《法華經玄贊》卷二中說：「車磲梵云牟娑洛揭婆，青白間色。」後世將白珊瑚及貝殼製成物，稱爲硨磲。

《增廣本草綱目》卷四十六，舉出李時珍之說，認爲車磲係指大蛤，長約二、三尺，寬約一尺許，厚約二、三寸，殼外有深大之溝紋，殼內則白皙如玉，故被誤認爲玉石類。現在一般則稱白珊瑚及貝殼所製之物爲車磲；而珊瑚通常多爲赤色，白珊瑚則被稱爲車磲。又古時原用「車渠」二字，中世以後方用硨磲、車磲等語。一般常將此寶與瑪瑙、琥珀混同。

(6)赤珠(lohitamuktikā):即赤真珠。《大智度論》卷十說:「真珠出魚腹中、竹中、蛇腦中。」《佛地經論》卷一中說:「赤蟲所出,名赤真珠,或珠體赤,名赤真珠。」真珠普通呈薄鼠色、灰色,赤珠則指珠之稍帶赤色者。純赤色之真珠極其難得。

(7)碼瑙(asmagarbha):並非今人所稱之碼瑙,而是翠綠或帶有深色光輝的寶石。

⊙五寶

五寶是指密教用來象徵一切珍寶的五種寶物。密教造壇修法時,將五寶與五藥、五香、五穀共埋於壇下的中央及四方,作為五部塔婆,代表地神的寶藏;或灌頂時,將五寶貯存於大壇的五瓶中,表示開啟清淨菩提心而開發眾生本然具足五智之德。

《大日經疏》卷四中說:「即穿曼荼羅中心深一肘許,用成辦諸事真言,加持五寶、五穀、五藥安置其中。……應取欲灌頂瓶，貯以淨水，勿令大滿，插諸花果，中置五寶穀藥，於埋寶處置之。」

關於五寶的種類，在各經典中都有不同的說法。《成就妙法蓮華經王瑜伽觀智儀軌》及《建立曼荼羅護摩儀軌》等，說是金、銀、真珠、瑟瑟、頗梨五種；《蕤呬耶經》卷中說是瑚、頗、金、銀、商佉；《蘇悉地羯囉經》卷下〈護摩法則品〉說是金、銀、真珠、螺貝、赤珠；《陀羅尼集經》卷四說是金、銀、真珠、珊瑚、琥珀。

◎輪王七寶

佛典中記載，在轉輪聖王出現時，自然會有七寶出現，以輔助該王教化百姓，行菩薩道。轉輪聖王是指具足德行及福報的理想聖王。而輪王七寶則是指：輪寶、象寶、馬寶、珠寶、玉女寶、主藏寶、典兵寶等。

《大寶積經》卷十四中說：「轉輪聖王生種姓家，七寶則現。何謂為七？一日紫金輪，有千輻。二日白象，有六牙。三日紺色神馬，烏頭朱髦。四日明月化珠，有八角。五日玉女后，口優缽香，身旃檀香。六日主藏聖臣。七日主兵大將軍，御四域兵。」

(1)輪寶（梵名cakra）：在《長阿含經》卷十八曾提及轉輪聖王的七寶與四種神德：「轉輪聖王出世，於十五日，月滿之時，沐浴香湯上高殿，與婇女共相娛樂，其時金輪寶忽現在前，輪有千輻，光色具足，天匠所造。輪徑丈四，王召四兵禮此金輪寶，隨所願求向東，輪寶即向東轉，轉輪王率四兵隨之，金輪寶前有四神引導，輪寶止時王駕亦止。時東方諸小國王見大王至，皆捧珍寶以示歸順。餘南、西、北三方亦如是。」這種隨心飛行的輪寶，象徵聖王之威德。

(2)象寶（梵名hasti）：指白色六牙象。聖王在清旦乘其周行四海，食時得還。

(3)馬寶（梵名asva）：指紺青色有象力之駿馬。能飛行，與象寶同爲轉輪王之乘駕。

(4)珠寶（梵名maṇi）：指寶珠，有光明照王宮內，如果將寶珠在夜中置於高幢上，則光照一由旬，城中人民皆起身作務，以爲是天亮了。

輪寶

珠寶

馬寶

典兵寶

輪王七寶 (一)

主藏寶

玉女寶

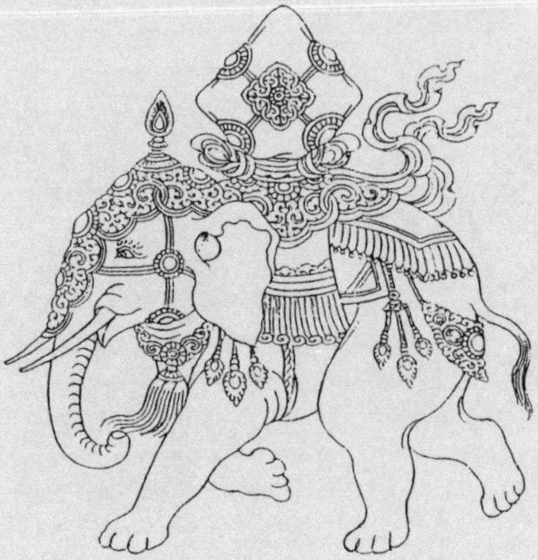

象寶

輪王七寶 (二)

(5)玉女寶（梵名 styī）：指美麗且具足德行之女。經中說其顏色從容，面貌端正，冬則身溫，夏則身涼，舉身毛孔發出旃檀香氣，口出優鉢羅花香，言語柔軟，舉止安詳。

(6)主藏寶（梵名 grahapati）：指寶藏自然生出財富無量。此寶在其他經論中，另有作「主藏大臣寶」者，或「居士寶」者。地中伏藏可分有主與無主二種；若有主則守護之，無主則取之供王用，相當於現代的財政部、經濟部部長。

(7)典兵寶（梵名 parināyaka）：指智謀雄猛英略獨決之掌兵大將，相當於現代的國防部長。

⊙佛經中的其他寶物

・寶臺

指以珍寶嚴飾之臺。

如經中云：觀世音菩薩與得大勢菩薩爲率八十億眷屬往詣佛所，乃以神通力各化現四十億寶臺，諸臺皆縱廣四十由旬，分別飾以金、銀、琉璃、頗梨等珍寶

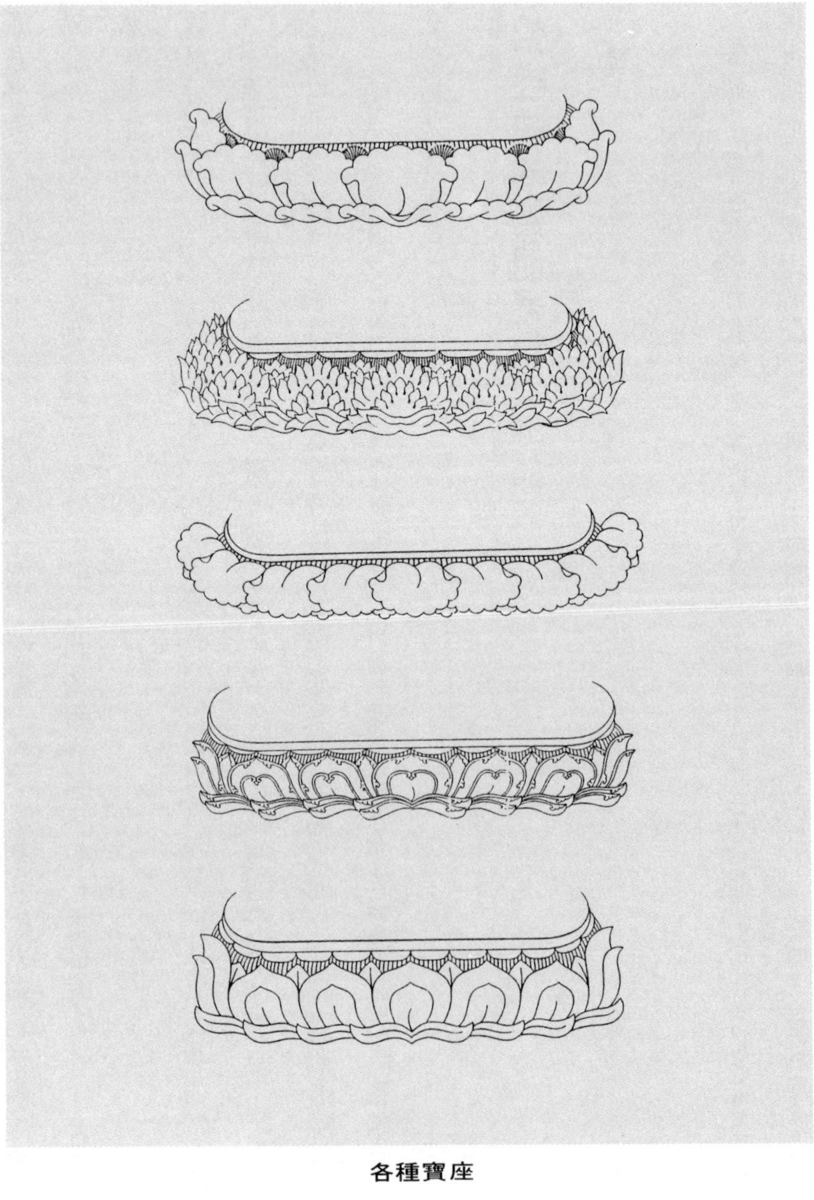

各種寶座

，及鉢曇摩、拘勿頭、分陀利等諸花，臺上復有玉女，或奏各種樂聲，出微妙之音，或執各種香，或持一切花。又於寶臺之上置獅子座，座上皆有化佛，端嚴殊勝，無可爲喻。

•寶幢

又稱法幢，即莊嚴佛菩薩之旗幟，常以諸多寶物嚴飾。

根據《大日經疏》卷五載，由於幢上置如意珠，故稱寶幢。《觀無量壽經》中亦說：「於其臺上自然而有四柱寶幢，一一寶幢如百千萬億須彌山，幢上寶縵如夜摩天宮，復有五百億微妙寶珠以爲映飾。」

•寶樹

指珍寶所成之樹林，於各淨土中常見。

如《無量壽經》卷下中說：「四方自然風起，普吹寶樹，出五音聲，雨無量妙華。」

寶樹也指生於帝釋天喜林園的劫波樹（梵名 kalpa），能應時而出衣裳、飾物等一切所需之物，所以有寶樹之稱。此外，於密教金剛界法中，以寶樹爲十七

各種寶塔

雜供養之一。

•寶塔

一般指佛塔，另也指以珍寶嚴飾之塔。

根據《法華經》〈見寶塔品〉記載，有七寶塔在佛陀之前，由地下涌出，住於空中，有五千欄楯，千萬龕室，飾以無數之幢幡，並懸垂瓔珞、寶鈴等；諸幡蓋係以金、銀、琉璃、車渠、碼瑙、真珠、玫瑰等七寶合成，且塔之四面皆出多摩羅跋旃檀之香。

•寶階

指以珍寶做成之階梯，即指釋尊從忉利天回返人間時所用的寶階。

據《大唐西域記》卷四記載，該國（劫比他國）都城以西二十餘里處有大伽藍，伽藍大垣內有三寶階，南北列而東面下，是如來於三十三天（忉利天）說法後，降還世間時所用。其時，天帝釋以神力化現黃金、水晶、白銀等三座寶階，釋尊即由中間之黃金寶階降世。

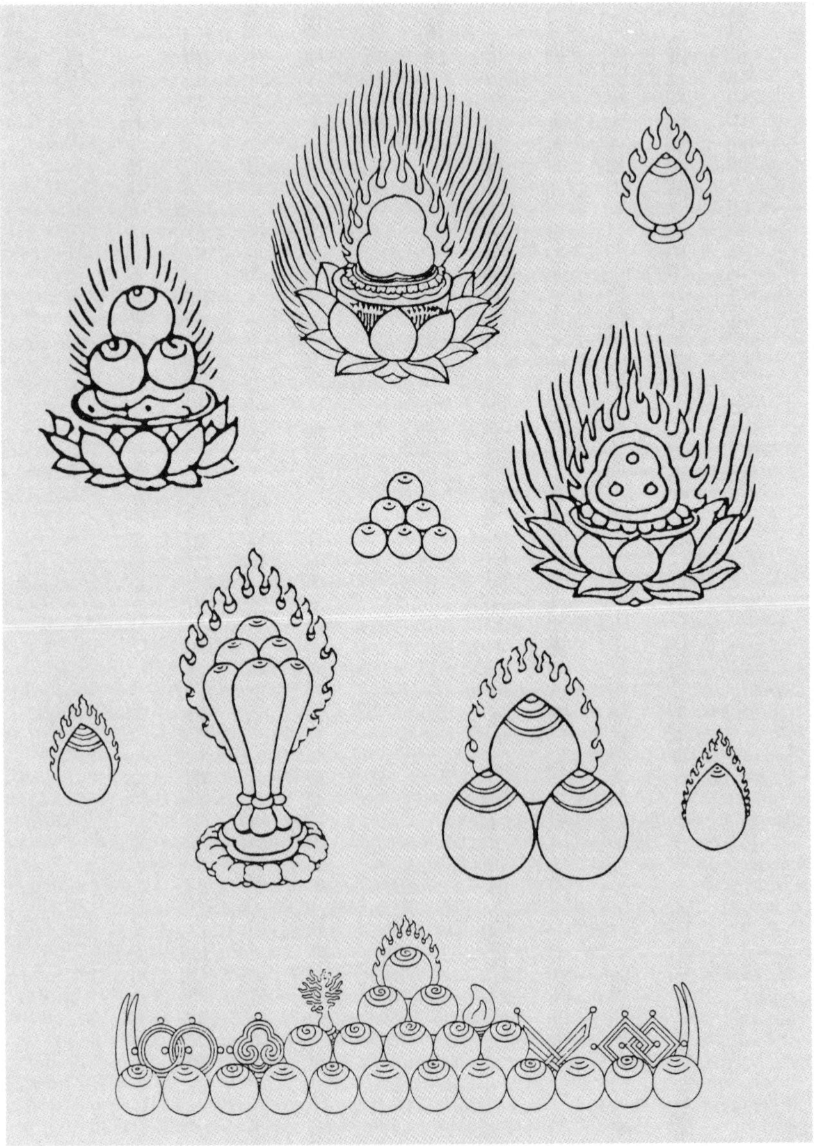

各種寶珠（摩尼寶）

•寶華

指各種至妙珍寶所成之妙花。

《法華經》〈譬喻品〉中說：「若欲行時，寶華承足。」又寶華叢集無數，稱爲寶華聚。《法華經》見寶塔品中說：「以天寶華聚，散多寶佛及釋迦牟尼佛上。」

•寶珠

寶珠，梵語 maṇi，音譯摩尼、末尼，又作如意寶珠，即珠之總稱。寶珠端嚴殊妙，自然流露出清淨光明，普遍照曜四方。

《摩訶般若波羅蜜經》卷十描寫寶珠是：以其於闇中能令明，熱時能令涼，寒時能令溫；珠所在之處，其地不寒不熱；若人有熱、風、冷病或癩、瘡、惡腫等，以珠著其身上，病即除癒。又摩尼寶所在之水中，水隨作一色。《大毗婆沙論》卷一〇二更列舉出：光明末尼、清水末尼、方等末尼、無價末尼、如意珠等五種寶珠。

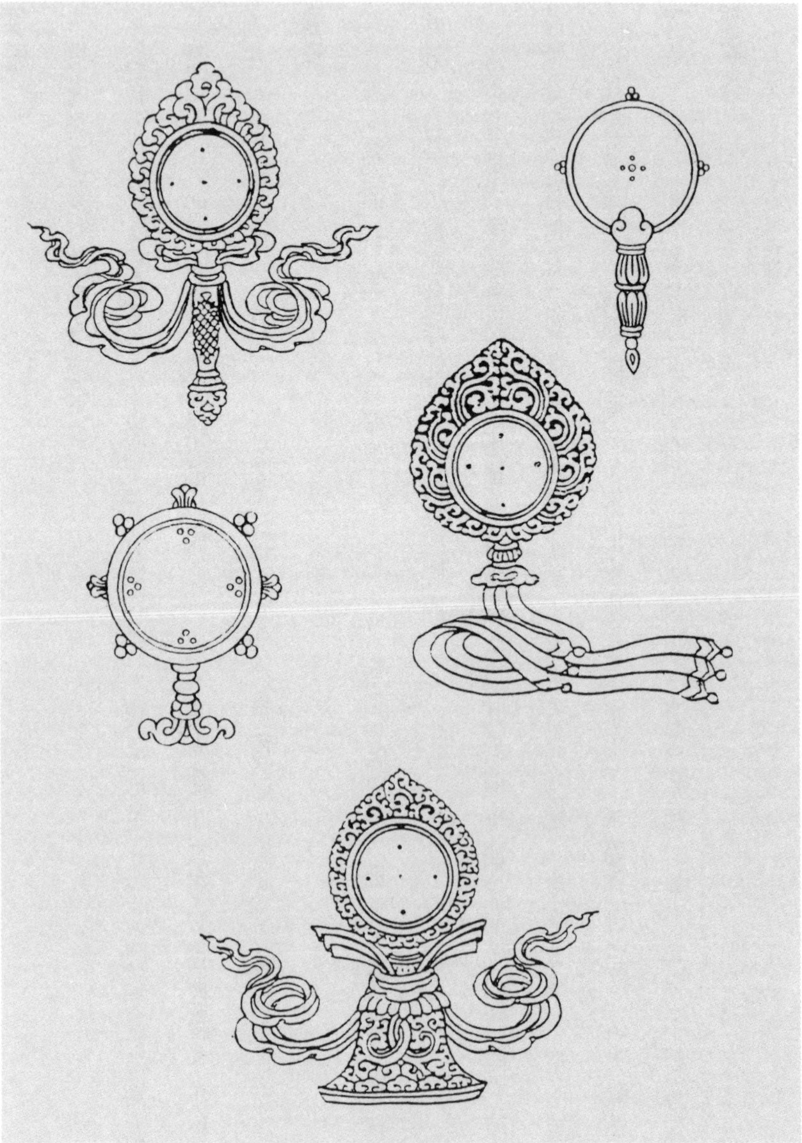

各種寶鏡

•寶座

指以寶玉嚴飾之蓮花座。一般稱諸佛之座爲蓮花座，又多以七寶裝飾，故稱寶蓮花座，或稱寶座。

據《文殊菩薩佛刹莊嚴經》卷上所述，如來以神通力，隨按足之處涌出寶蓮花，大如車輪，以白銀爲莖，黃金爲葉，吠瑠璃寶爲鬚，於此花臺中，有化菩薩結跏趺坐。又於雕像或畫像中，常將蓮花座之蓮瓣作寶珠形，如大日如來、地藏菩薩等諸尊之座。

•寶冠

又作天冠，是指飾以寶玉之冠。

寶冠有多種，主要有如下數種：

(1)五智寶冠，冠中有五化佛，表五智圓滿之德。

(2)三峰寶冠，表胎藏三部之要義。

(3)無量壽佛寶冠，冠中有無量壽佛，如觀自在菩薩所戴。蓋此二尊有因果之別，以此表觀自在入果位爲無量壽之義。

各種寶冠

(4)塔婆寶冠，安有塔婆之冠。

此外尚有化佛之一佛冠（化佛冠）、安有獅子頭之獅子冠、金線冠、髑髏冠、華冠與髮髻冠等。

・寶螺

即螺貝。爲法具之一，乃如來説法音聲之標幟。爲表示法螺之珍貴，故稱寶螺。

在《千手經》中說：「若爲召呼一切諸天善神者，當於寶螺手。」《不空羂索經》卷十八〈世間成就品〉也記載，衆生聞螺聲，能滅重罪，或往生西方極樂國。

・寶蓋

指七寶嚴飾之天蓋。懸於佛菩薩或法師等之高座上，作爲莊嚴具。

據《維摩詰所説經》〈佛國品〉所記載，毗耶離城有長者之子寶精，與五百長者子，持七寶蓋往詣佛所。

此外，古代建築中，如經幢、石塔之頂上，有雕刻精細如傘狀之蓋，亦稱寶

各種寶蓋

蓋，又稱華蓋。

•寶瓶

寶瓶梵語 kalaśa，音譯作迦羅奢、羯攞賒；或稱作 kuṇḍikā，音譯爲軍持。又作賢瓶、德瓶、如意瓶、吉祥瓶、閼伽瓶。於密教，盛裝閼伽之瓶，特稱爲閼伽瓶。其餘之名稱總爲美稱德號。又灌頂時持用之寶瓶，則稱爲灌頂瓶。

一般寶瓶內置五寶、五穀、五藥、五香等二十種物，並滿盛淨水，瓶口插寶華、妙華爲蓋，瓶頸繫綵帛以作裝飾。寶瓶顯地大之形。地大乃「阿字本不生」之位，即表徵眾生本有的淨菩提心之理德。內置二十種物即開顯菩提心之德。

又寶瓶爲南方寶部之三昧耶形，插入之花係表理智冥合時之沙羅樹王佛萬德開敷之相，開敷華王如來即以此爲三昧耶形。

寶瓶之質材可有金、銀、銅、玻璃、瓦等多種，而依天息災所譯《微妙大曼拏羅經》卷一等載，因修法種類之不同，瓶之種類、色相亦均有所不同。寶瓶並爲諸尊之手持物。

• 寶網

指珍寶所結成之羅網。帝釋宮之羅網，稱爲帝網，亦稱爲因陀羅網。

《無量壽經》上卷說：「珍妙寶網，羅覆其上。」此外禪林中有「寶網漫空」，是指帝釋之寶網布滿虛空，以此比喻佛法廣大，無處不至。

• 寶鈴

爲五種鈴之一，又稱寶珠鈴，爲密教常用之法器。其柄爲寶珠杵，把手上刻有鬼目，鈴身則無花紋裝飾。鈴，表顯說法之義；於修法中，與其餘四種鈴各置於大壇上相應之位置。

• 寶索

即羂索（梵名 pāśa）原爲戰鬥或狩獵的用具，在密教則作爲諸尊的持物。音譯播捨、波捨，又稱金剛索、羅網、珠索、索。《慧琳音義》中說：「羂索者，鬥戰之處或羂取人，或羂取馬腳。俗名爲搭索。捉生馬時，搭取馬頭名羂索。」

在密教行法之中，此索由五色線搓成，一端繫鐶，另一端附半獨股杵，或二端皆附半金剛杵。是爲了教化頑強眾生及降伏四魔的器具，象徵四攝方便，許多具大威力的諸尊，手中都持有羂索，如：不動明王、不空羂索觀音、千手觀音、金剛索菩薩、七俱胝佛母菩薩、光網菩薩等。

其中，不動明王左手執羂索，右手持銳劍，表示先以真淨菩提心中四攝之索，鉤召引入一切眾生而繫縛之，以菩提心中之智劍，至於金剛索菩薩，則以右手持羂索，表示羂索一切眾生，使其脫離二乘實際三摩地智之淤泥，而安置於覺王之法界宮殿中。又，千手觀音持羂索之手稱爲羂索手。

此外，羂索有結界守護之義，若將之繫於頸項，相傳可滅罪得福。

第2篇

佛教的財寶本尊

寶生佛

【特德】 寶生如來以摩尼寶福德聚功德，圓滿成就一切眾生心所祈願，使我們的願求都得到滿足。

寶生佛（梵名 Ratna-sambhava），梵名音譯爲羅怛曩三婆縛，西藏名 Rin-chen hbyun-ba，又稱爲南方福德聚寶生如來、寶生如來。密號平等金剛、大福金剛。在顯教經典裏，則往往稱爲南方寶幢佛，或南方寶相佛。爲密教金剛界五佛之一，位於金剛界曼荼羅成身會等的五解脫輪中，正南方的月輪中央。

在顯教經典中對寶生佛的誓願、本生故事及佛剎等缺乏詳細的記載，所以在密教中，寶生佛主要是修法、觀想的佛陀，表彰大日如來的平等性智，也代表修行的妙德與福聚之德。

寶生佛爲五方佛中南方的佛陀，身色黃色，爲寶部的部主。寶部，表福德，亦即佛的萬德圓滿中，福德無邊。

在《守護國界主陀羅尼經》卷二中提到，寶生佛的印契爲滿願印，即左手持衣角當心，右手仰掌，此印乃是表示隨順眾生之所欲，而由佛菩薩惠施各種資糧財具的印相，又稱與願印、施願印。作此印時，以如來之力故，能滿足一切眾生心之所願。

在修法時，行者可以觀想自身完全融成黃金色，觀想此身即成爲寶生如來。並從頂上放出金色光明，以無數百千億光而爲眷屬，一一光中皆有無量金色金剛菩薩，手中各自雨下如意寶珠，光明遍照南方如恆河沙數般多的世界。如果有遇到此佛光的生命，則所有的願求都能得到滿足。這種觀想法，也象徵寶生佛「滿足眾生所求」的本願。

在《金剛頂瑜伽略述三十七尊心要》中說：「次當禮南方福德聚寶生如來。想持摩尼寶鉼，想與一切如來灌頂，即虛空藏菩薩執摩尼寶珠，成滿一切眾生所求願。由於福德聚功德無量無邊，赫奕威光所求願滿，此乃寶生如來部所攝，即平等性智。」

寶生如來以摩尼寶福德聚功德，圓滿成就一切眾生心所祈願，更能於行者昇至法王位時予以灌頂，並使一切有情證入自他圓滿平等的勝義，所以被攝入五部中的寶部，將眾生執著「我爲實有」的第七意識，轉化爲如來智慧，成爲佛陀的平等性智。

⊙寶生佛的形像

寶生如來的形像，在金剛界成身會時，是身金色，左手作拳安臍下，右手開外，無名指與小指稍屈，舒開其餘三指做施願印，在蓮花座上結跏趺坐。而在微細會及供養會中的形像稍有差異。在降三世羯磨會時，此尊頭戴寶冠，著通肩、二手作拳，右內左外，交叉在胸前。

寶生佛爲密教金剛界五部中寶部部主，其身金色，現歡喜相，座騎爲馬座，因「馬」代表世間吉祥貴重之物，故於臺座中，馬座屬寶部之座。

古來認爲，此尊的形像，與胎藏界五佛中的東方寶幢如來同，並將此二尊認爲是同體。這種說法，在《兩部曼荼羅義記》、《金光明經》、《觀佛三昧海

寶生佛以象徵吉祥貴重的「馬座」為座騎

藏密的寶生佛

經》、《陀羅尼集經》、《金光明最勝王經》皆有此說。

在西藏密宗無上瑜伽部修習的觀想本尊中，寶生如來示現雙身像，其一面二臂，頭戴五方佛冠，身穿半袖天衣，懷中抱著玉臂勾頸的麗質明妃，右手施無畏印，左手執淨瓶，雙足跏趺於蓮座中央。

◎金剛界曼荼羅中的寶生佛

【成身會】

種子字：（trāḥ）

三昧耶形：三瓣寶珠

印相：滿願印（授所願印）。

真言：唵 囉怛曩三婆嚩 怛落

oṃ ratna-sambhava trāḥ

【三昧耶會】

成身會

微細會

三昧耶會

金剛界曼荼羅中的寶生佛

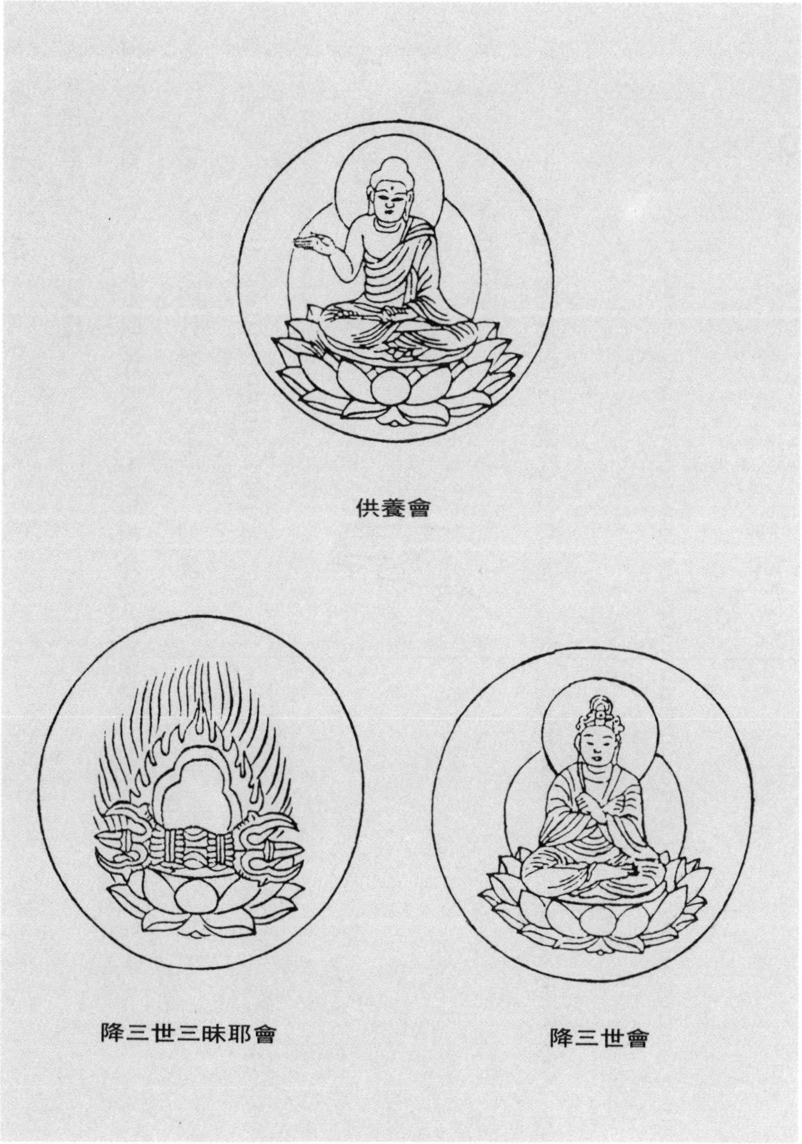

金剛界曼荼羅中的寶生佛

種子字：（trāḥ）

三昧耶形：三瓣寶珠

印相：二手金剛外縛，中指相拄立如寶形。

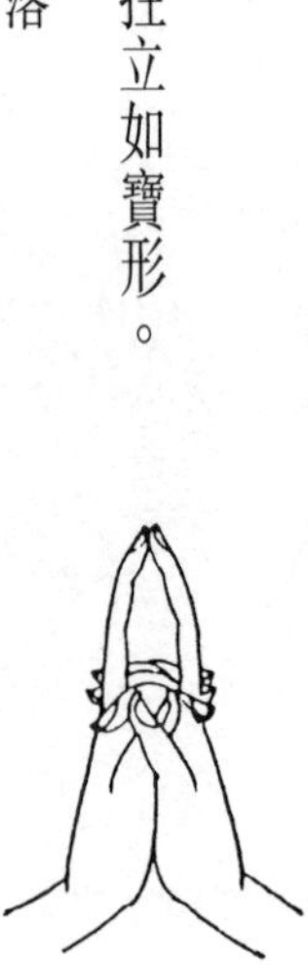

真言：唵 嚩日囉枳惹南 怛落

oṃ vajra-jñāna trāḥ

【供養會】

種子字：（hūṃ）

印相：滿願印。

真言：唵 薩嚩怛他誐哆嚩日囉 囉怛曩努跢 囉布惹娑頗囉拏三摩曳 吽

oṃ sarva-tathāgata-vajra-ratnānuttara-pūjā-spharaṇa-samaye hūṃ

【降三世三昧耶會】

種子字：（hṇa）

三昧耶形：橫置五鈷杵上有三瓣寶珠

⊙寶生如來的眷屬——金剛界寶部諸尊

在寶生如來的四周有四位寶部的菩薩，分別是金剛寶、金剛光、金剛幢及金剛笑等四尊親近菩薩。這四位菩薩其實是從寶生如來的體性中流出，具足了寶生如來的妙德，來實踐寶生如來以世間與出世間的福德大寶，加持救度眾生的執行者。

因此，這四尊寶生佛的親近菩薩，對於開發眾生福德智能及具足世間及出世間的財寶、功德，十分重要，是實踐寶生如來救度一切眾生的執行者，並且是寶部中最主要的行動者。

所以，在此特別介紹寶部這四尊親近的菩薩，讓修行者能依止他們而得到世間與出世間的福德、財寶資糧。

一、金剛寶菩薩

金剛寶菩薩（梵名Vajraratna），密號大寶金剛、如意金剛、厚藏金剛，爲南方寶生如來四親近菩薩之一，象徵一切如來廣大莊嚴而出生此菩薩，爲金剛界十六菩薩之一。安住寶生佛前月輪。

此尊菩薩爲毗盧遮那佛於內心證得金剛寶灌頂三摩地的智慧，從金剛寶灌頂三摩地智慧中，流出金剛寶光明，遍照十方世界，灌灑一切眾生之頂，爲了使一切眾生受用三摩地智慧的緣故，成金剛寶菩薩形。

金剛寶菩薩能加持行者證得無染清淨的智慧，猶如虛空廣大圓滿修持金剛寶菩薩的法門，或持誦其真言，可以獲致世間及智慧財寶。

【成身會】

尊　　形：身呈肉色，右手持寶珠，左手結與願印。

種 子 字：（oṃ）

三昧耶形：光焰中有三瓣寶珠

印　　相：二手作金剛拳面相合，各伸食指相拄如寶形。

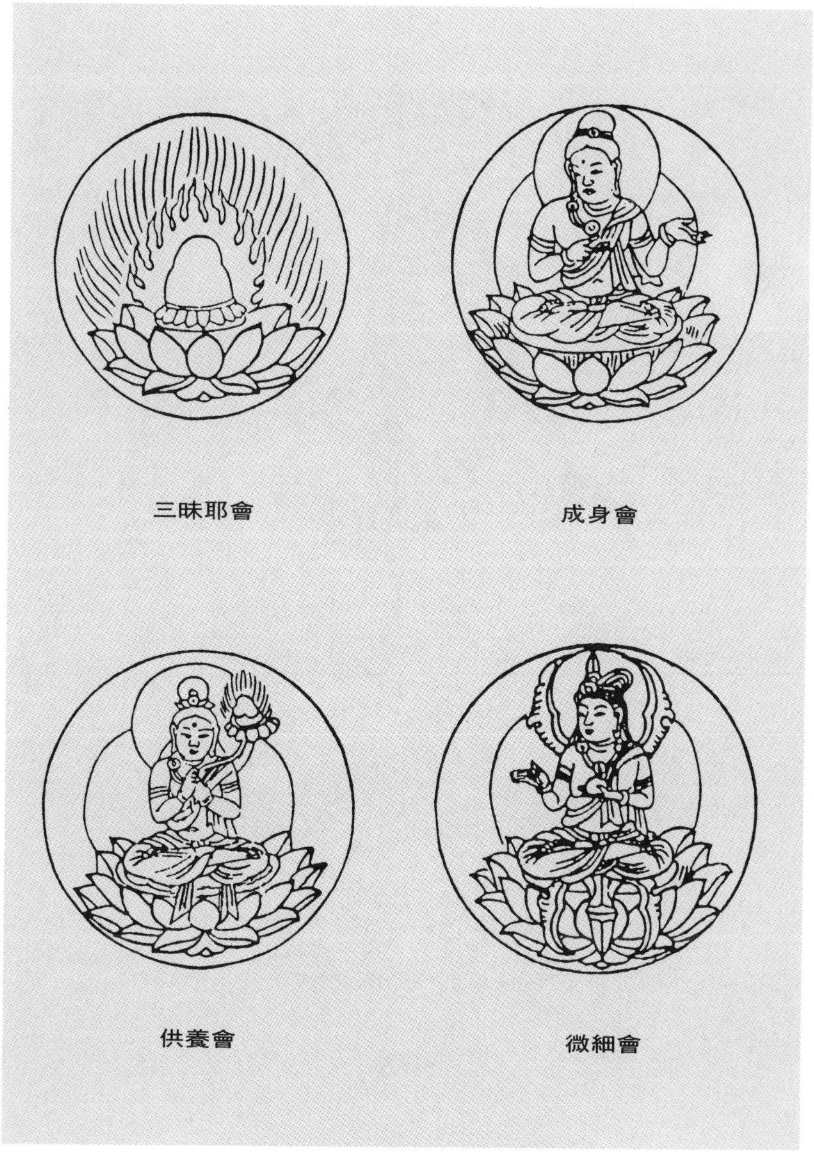

金剛界曼荼羅中的金剛寶菩薩

金剛界曼荼羅中的金剛寶菩薩

降三世會

降三世三昧耶會

金剛界曼荼羅中的金剛寶菩薩

真　言：唵　嚩日囉　囉怛那　唵

oṃ vajra-ratna oṃ

【三昧耶會】

種子字：（tvaṃ）

三昧耶形：光焰中有三瓣寶珠

印　相：兩手金剛外縛，二大拇指並豎，二食指伸豎相拄如寶形。

真　言：蘇摩訶　怛鑁

su-mahās tvaṃ

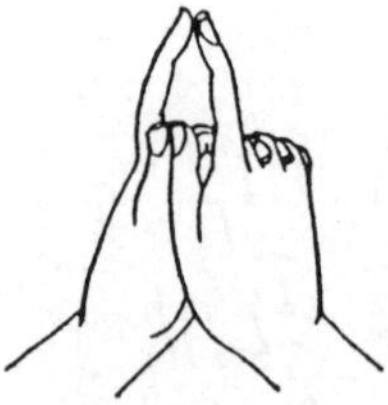

【微細會】

尊　形：右手結與願印，左手持寶珠。

【供養會】

尊　形：兩手合持蓮華，上有光焰三瓣寶珠。

種子字：（oṃ）

印　相：二手金剛外縛置於額上。

真　言：唵　那莫　薩嚩怛他蘖多毗曬迦　囉怛寧驃　嚩日囉摩尼　唵

oṃ namaḥ sarva-tathāgatābhiseka-ratnebyo vajra-mani oṃ

【四印會】

尊　形：黃色，頭戴三瓣寶珠之寶冠，左手持三瓣寶珠，右手結與願印。

種子字：（trāḥ）

印　相：二手外縛，二中指相拄如寶形。

真　言：薩嚩母捺囕銘針嘌野　婆嚩睹

sarva-mudrāṃ me priyā bhavatu

【降三世會】

尊　　形：呈金剛吽迦羅姿勢。

【降三世三昧耶會】

種 子 字：（hūṃ）

三昧耶形：光焰中有三瓣寶珠

二、金剛光菩薩

金剛光菩薩（梵名 Vajrateja），密號威德金剛、威光金剛。爲南方寶生如來四親近菩薩之一，象徵一切如來廣大威德照耀而出生此菩薩，金剛界十六菩薩之一。安住寶生如來右邊的月輪。

此尊菩薩爲毗盧遮那佛於內心證得金剛威光三摩地的智慧，從金剛威光三摩地智慧中，流出金剛日光明，遍照十方世界，破一切眾生無明愚暗，發大智慧光明，爲了使一切菩薩受用三摩地智慧，化成金剛威光菩薩。

金剛光菩薩能加持行者證得智慧光明，宛如日輪，無不照耀。

成身會

微細會

三昧耶會

金剛界曼荼羅中的金剛光菩薩

供養會

降三世三昧耶會

降三世會

金剛界曼荼羅中的金剛光菩薩

【成身會】

尊　　形：肉色，左手握拳置腿上，右手持日輪。

種 子 字：（aṃ）

三昧耶形：日輪

印　　相：二手拇指、食指前端相合如日輪狀，其他六指數如光焰，旋轉三遍。

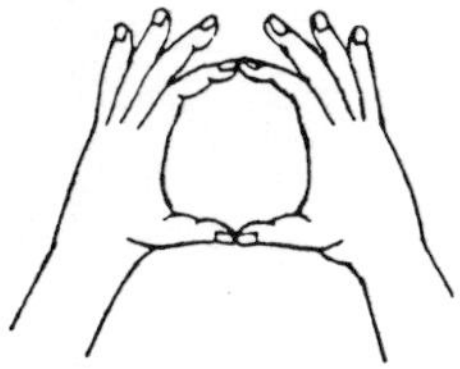

真　　言：唵　嚩日囉　帝惹　暗

oṃ vajra trja aṃ

【三昧耶會】

種 子 字：（ta）

三昧耶形：日輪

印　　相：二食指屈如寶形，二拇指豎立，餘六指伸如光線，旋轉三遍。

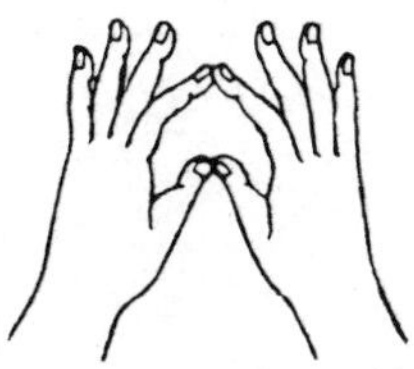

真　　言：嚕褒儞庾多

rūpoddyota

【微細會】

尊　形：兩手於胸前托日輪。

【供養會】

尊　形：兩手合持蓮華，上有光焰日輪。

種子字：（hriḥ）

印　相：同成身會。

真　言：唵 那莫 薩哩嚩怛他誐底 蘇哩曳毗踰 嚩日囉帝儞儞入嚩囉 紇哩

oṃ namaḥ sarva-tathāgata-sūryebhyo vajra-tejini jvala hrīḥ

【降三世會】

尊　形：握金剛拳，兩腕於胸前交叉。

【降三世三昧耶會】

種子字：（gṛ）

三昧耶形：日輪

三、金剛幢菩薩

金剛幢菩薩（梵名Vajraketu），密號圓滿金剛、願滿金剛。爲南方寶生如來四親近菩薩之一，象徵一切如來廣大圓滿一切眾生所願，而出生此菩薩，金剛界十六菩薩之一。安住於寶生如來左邊的月輪。

此尊菩薩爲毗盧遮那佛於內心證得金剛寶幢三摩地的智慧，從金剛寶幢三摩地智慧中，流出金剛幢光明，遍照十方世界，滿足一切眾生心願，化成金剛幢菩薩。

金剛幢菩薩能加持滿足一切有情世間及出世間所有的希願，就如同真多摩尼寶幢，心無分別，皆令眾生滿足。

成身會

微細會

三昧耶會

金剛界曼荼羅中的金剛幢菩薩

供養會

降三世三昧耶會

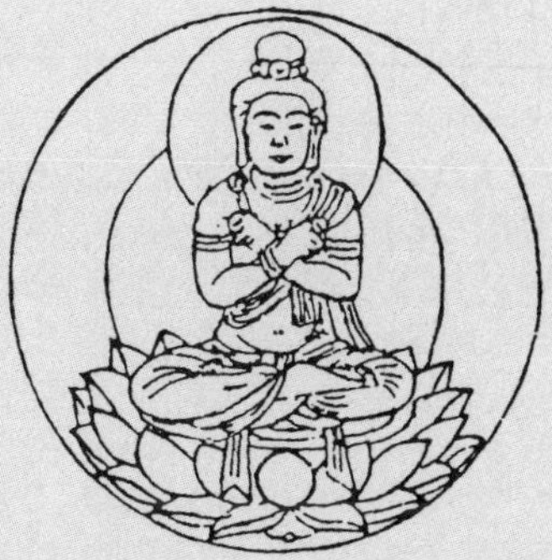

降三世會

金剛界曼荼羅中的金剛幢菩薩

【成身會】

尊　　形：身呈肉色，兩手持如意幢。

種 子 字：（trāṃ）

三昧耶形：如意幢幡

印　　相：金剛幢羯磨印

真　　言：唵　跋折羅　計都　多藍

oṃ vajra Ketu trāṃ

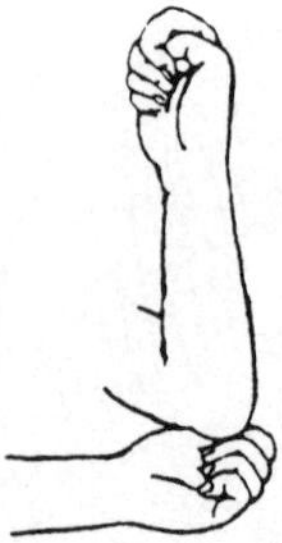

【三昧耶會】

種 子 字：（pti）

三昧耶形：竿頭三瓣寶珠，繫有寶幢，隨風飄動

印　　相：金剛幢印

真　　言：遏囉他　鉢囉必底

artha prāpti

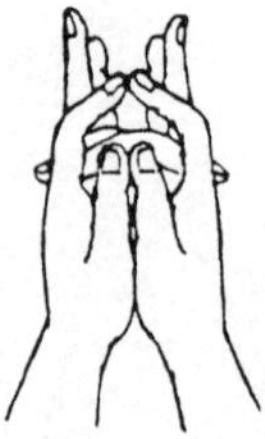

【微細會】

尊　形：兩手持如意寶幢竿。

【供養會】

尊　形：兩手持蓮華，上有如意寶幢。

種子字：（trāṃ）

印　相：金剛外縛，置於頂上，長舒二臂。

真　言：唵　那莫　薩哩嚩怛他誐多阿賒　波哩布囉拏進多摩尼特嚩惹屹
哩毗踰　嚩日囉特嚩惹屹哩　怛囕
oṃ namaḥ sarva-tathāsā-paripūṇa-cintāmaṇi-dhvajāgrebh yo
vajra-dhvajāgre traṃ

【降三世會】

尊　形：兩手握金剛拳於胸前交叉

【降三世三昧耶會】

種子字：（hṇa）

三昧耶形：如意幢幡

四、金剛笑菩薩

金剛笑菩薩（梵名 Vajrahāsa），密號為喜悅金剛、歡喜金剛。為南方寶生如來四親近菩薩之一，象徵一切如來廣大歡樂而出生此菩薩，金剛界十六菩薩之一。又稱摩訶笑菩薩、摩訶希有菩薩、金剛歡喜菩薩等。安住寶生如來後邊的月輪。

此尊為毗盧遮那佛於內心證得金剛笑印授記三摩地的智慧，由於自受用的緣故，從金剛笑印授記三摩地的智慧中，流出金剛笑印光明，遍照十方世界，為不定性的眾生授與平等無上菩提記，還來收為一體。為了使一切眾生，受用三摩地智慧的緣故，化成金剛笑菩薩。

由於金剛笑菩薩加持的緣故，一切有情如果有見聞金剛笑菩薩者，則心生踴躍，於法能得到決定，受用法之利樂。

【成身會】

尊　形：身呈肉色，兩手於耳側握拳，作印耳背之勢。

種子字：（haḥ），爲二障全消，歡笑喜悅之意

三昧耶形：笑杵

印　相：兩手作金剛拳，拳心朝上，至口仰散之。

真　言：唵　嚩日囉　賀娑　郝

oṃ vajra hāsa haḥ

【三昧耶會】

種子字：（haḥ）

三昧耶形：笑杵

成身會

微細會

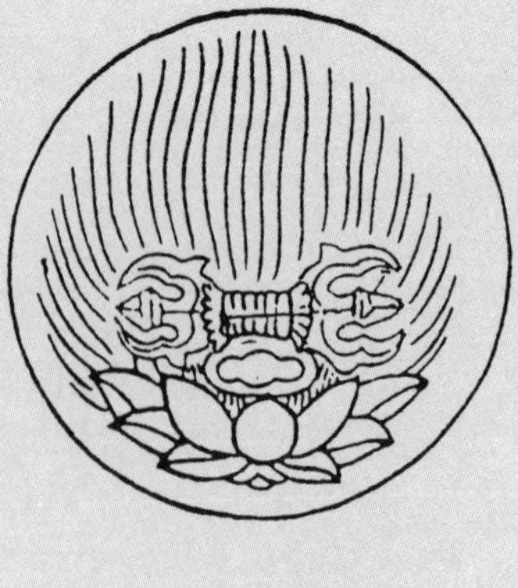

三昧耶會

金剛界曼荼羅中的的金剛笑菩薩

供養會

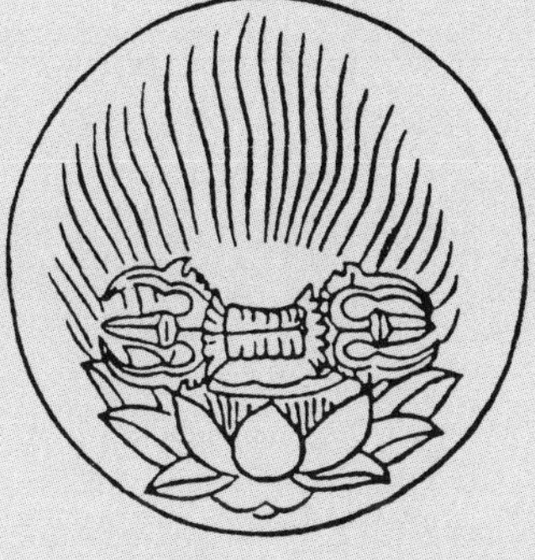

降三世三昧耶會

降三世會

金剛界曼荼羅中的金剛笑菩薩

印　相：結金剛幢印，印頭向下，開掌從心徐上至口散之。

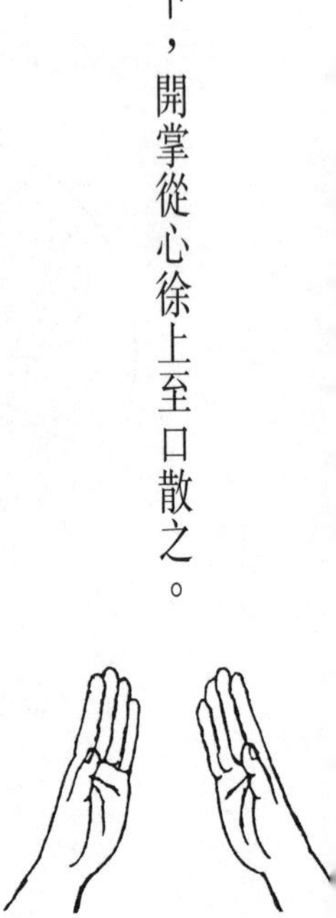

真　言：賀賀賀　吽　郝

ha ha ha hūṃ haḥ

【微細會】

尊　形：約同成身會，兩拳置口邊。

【供養會】

尊　形：兩手持蓮華，上有橫置三鈷杵。

種子字：（haḥ）

印　相：以金剛縛安口左吻散之。

真　言：唵　娜莫　薩嚩怛他誐多摩訶　必哩底　鉢羅母儞耶　迦黎　驃

嚩日囉　賀西　郝

oṃ namaḥ sarva tathāgata mahā prīti pramodya kare bhyo

vajrahāse haḥ

【降三世會】

尊　　形：兩手握金剛拳於胸前交叉。

【降三世三昧耶會】

種 子 字：𑖢（pa）

三昧耶形：笑杵

不空成就佛

【特德】 不空成就如來能加持眾生在世間及出世間的事業上圓滿成就，是事業部的主尊。

不空成就佛（梵名Amogha-siddhi）梵名音譯爲阿目伽悉地，西藏名爲don-yod-grub-pa，密號悉地金剛、成就金剛。又稱爲不空成就如來，是金剛界五佛之一，位於金剛界曼荼羅五解脫輪中北方月輪的中央。位於大日如來的北方。而在胎藏界中，則被視爲北方天鼓雷音佛的同體，稱爲天鼓音佛或雷音王佛。

不空成就佛顯示的意義，主要是在密教觀想與修法之上。

不空成就佛爲五方佛當中北方的佛陀，象徵的顏色是雜色或黑色，但在藏密則轉爲綠色，其爲五部中事業部（羯摩部）的部主。事業部（羯摩部），表化他業用之德，即佛爲悲愍眾生故，成辦一切事業。

不空成就佛

不空成就佛的印契是施無畏印，即左手五指執持衣的兩角，右手展開手掌，豎起五指，掌面當肩向外。這一個印相，象徵佛陀拔濟有情，與一切所作事業皆成辦的功德。

不空成就佛在五佛智中，轉化凡夫染著的眼、耳、鼻、舌、身等五種意識，成爲如來的清淨智慧，表彰一切如來的成所作智，象徵如來能以大慈的方便，成就一切佛法事業及眾生事業。

在不空成就佛的加持之下，無論是在佛法事業，或是世間的事業，一心祈願者，都能獲得圓滿成就；而且能成就利益自身及他人的妙行，並遠離一切煩惱。

⊙不空成就佛的形像

不空成就佛的形像在成身會爲通身金色（或綠色），左手結拳印，安置膝上，右手舒覆五指當胸，蓮花座上結跏趺坐。而在降三世羯磨會的形像則是：二手握拳，右手在內，左手在外，兩手於胸前相交叉。

在金剛界五部中，不空成就佛爲事業部部主，其身雜色，現種種相，座騎爲

不空成就佛以金翅鳥為座騎

迦樓羅（金翅鳥）座，此鳥威力能降諸龍，隨所向方，龍能降伏，人天一切諸龍無不歸伏，是故爲其座騎。

在密教圖像裏，不空成就佛的四方，通常都安置有四位近事菩薩。四位菩薩的方位如下：前方是金剛業菩薩，右方是金剛護菩薩，左方是金剛牙菩薩，後方是金剛拳菩薩。

◎金剛界曼荼羅中的不空成就佛

【成身會】

尊　形：綠色，左手於臍前結金剛拳印，右手舒五指當胸。

種子字：（aḥ）

三昧耶形：五鈷杵上之羯磨杵

印　相：左手於臍前結金剛拳印，右手結施無畏印。

真　言：唵　阿慕伽悉悌　惡

oṃ amogha-siddhe aḥ

成身會

微細會

三昧耶會

金剛界曼荼羅中的不空成就佛

供養會

降三世三昧耶會

降三世會

金剛界曼荼羅中的不空成就佛

【三昧耶會】

種子字：（aḥ）

三昧耶形：五鈷杵上之羯磨杵

印相：外縛，二中指屈入掌中面相合，二拇指、小指伸豎相合。

真言：唵 嚩日囉惹拏喃 噁

oṃ vajra-jñāna aḥ

【微細會】

尊形：大約同成身會。

【供養會】

種子字：（hūṃ）

三昧耶形：五鈷杵上之羯磨杵

真言：唵 薩嚩怛他誐哆嚩日囉迦囉磨努哆囉布惹娑頗囉拏三摩曳 吽

oṃ sarva-tathāgata-vajra-karmānuttara-pūjā-spharaṇa-samaye

hūṃ

【降三世會】

尊　形：兩手握金剛拳，於胸前交叉。

【降三世三昧耶會】

種 子 字：（hoḥ）

三昧耶形：五鈷杵上之羯磨杵

多寶佛

【特德】

為《法華經》增益法的本尊，能使眾生具足一切世間、出世間財富，尤其是若有宣說《法華經》時，多寶佛必定會從地湧出。

多寶佛（梵名 Prabhūta-ratna），又譯作大寶佛、寶勝佛、多寶如來。此佛於《法華經》中出現，他在久遠劫前已滅度，但是以願力的緣故，化成全身舍利，為了證明《法華經》的真實妙義，而安住在多寶佛塔中，從地湧出。

依《法華經》卷第四〈見寶塔品〉第十一中有描述此多寶塔的種種莊嚴殊勝：「爾時佛前有七寶塔，高五百由旬，縱廣二百五十由旬，從地踊出住在空中，種種寶物而莊校之。五千欄楯，龕室千萬，無數幢幡以為嚴飾垂寶瓔珞，寶鈴萬億而懸其上。四面皆出多摩羅跋檀之香，充遍世界。其諸幡蓋以金銀、琉璃、硨磲、碼碯、真珠、玫瑰七寶合成，高至四天王宮。」

又說此寶塔出現時：「三十三天雨天曼陀羅華，供養寶塔。餘諸天、龍、夜叉、乾闥婆、阿修羅、迦樓羅、緊那羅、摩睺羅伽、人非人等千萬億眾，以一切華香、瓔珞、幡蓋、伎樂供養寶塔，恭敬尊重讚歎。」

而在《瑜伽集要救阿難陀羅尼焰口軌儀經》中云：「諸佛子等，若聞多寶如來名號，能令汝等具足財寶，稱意所須受用無盡。」

依據《法華經》卷四〈見寶塔品〉中所載：此佛爲東方寶淨世界的教主。往昔行菩薩道時，發願在成佛滅度之後，凡十方世界有宣說《法華經》之處，必自地湧現於前，以證明此經真義。所以釋迦牟尼佛說《法華經》時，有七寶塔從地湧出，聳立於空中，塔內安坐著多寶如來，全身如入禪定，並分半座與釋尊，形成二佛並坐的特殊景像。

而在《法華經》的修法中，增益法則以多寶佛爲本尊，息災法則以釋迦牟尼佛爲本尊。

安置多寶如來的塔，稱爲多寶塔，又稱多寶佛塔，是由無數寶珠嚴飾而成。隨著法華信仰的盛行，我國自古便有多寶佛塔的造立。如六朝時代多建爲三層塔

多寶佛

的形狀，唐代則設於諸寺院中。在敦煌石窟、山西大同雲岡石窟、龍門石窟及浙江省舟山市等地，皆有其遺蹟留存。韓國亦夙有造立此塔的風氣。其中，造於新羅．法興王二十七年（公元五四〇年），在慶尚北道佛國寺的多寶佛塔，其建築形式甚爲奇巧。

⊙多寶佛的形像

關於此佛形像，依據《法華曼荼羅威儀形色法經》之所載，多寶如來頭戴烏瑟紺髮冠，眉間放索毫光，普照於一切。身相黃金色，結定慧智拳印；身披袈裟，跏趺（右足在上）安坐於大蓮花上。

多寶佛塔

寶積佛

【特德】寶積佛不僅能使我們具足出世間的聖財，同時也能出生各種寶物，或從地出生，或如雨落般，不可計數，為積聚財寶之本尊。

寶積佛以無有煩惱、聖道之法寶積集莊嚴，成就佛道，所以稱爲寶積佛。在《大智度論》卷九：「以無漏根力覺道等法寶集故，名爲寶積。……應當出生時，亦多諸寶物生，或地生，或天雨種種寶集故，名爲寶積。」

這是說明寶積佛除了具足出世間聖道法財之外，也會出生各種寶物，有的從地上出生，有的從天上像雨一般落下來，不可計數，所以名爲寶積佛，爲積聚財寶之本尊。

寶積佛

寶幢佛

【特德】寶幢如來能彰顯菩提心的妙德，猶如勝利寶幢，能出生一切世間、出世間的財寶。

寶幢佛梵名 Ratnaketu，音譯爲囉怛曩計睹，西藏名 rin-chen-tog，又稱爲寶幢如來、寶星佛，密號福壽金剛、福聚金剛，是位於胎藏界曼荼羅中臺八葉院東方的佛陀。

寶幢佛主要在彰顯菩提心的妙德；因爲菩提心猶如勝利寶幢，能摧毀一切魔障，此如來以一切智願爲幢，在菩提樹下降伏魔眾，所以名爲寶幢如來。

如《大日經疏》第四〈具緣品〉中言：「東方觀寶幢，如朝日初現，赤白相輝之色，寶幢是發菩提心義也，譬如軍將統御大眾，要得幢旗，然後部分齊一，能破敵國，成大功名。如來萬行亦復如是，以一切智願爲幢旗，於菩提樹下降伏

寶幢佛

四魔軍眾，故以為名也。色如朝日，亦彼相應義也。」

此尊尊形為身呈淺黃色，著赤色袈裟，偏袒右肩，左手向內，執持袈裟之二角置於胸前。右手屈臂，稍豎而向外開，復稍仰掌垂指，作與願印，結跏趺坐於寶蓮花上。

種子字：（a）、（raṃ）

三昧耶形：光焰印

印相：蓮華合掌

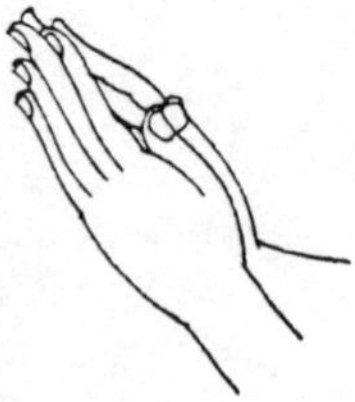

真言：南麼　三曼多勃馱喃　嚂　嗒　莎訶

namaḥ samanta-buddhānāṃ raṃ raḥ svāhā

尊勝佛母

【特德】尊勝佛母，能使五穀豐熟，增長眾生的財寶，得種種福德充足。

尊勝佛母（梵名Vijaya），密號除魔金剛。佛頂，是指如來之無見頂相，乃常人所無法了知的殊勝相，具足最上最勝之功德。在一切佛頂中，尊勝佛頂能去除一切煩惱業障，破壞一切穢惡道之苦。八佛頂以尊勝佛頂爲總體故。此外，此尊尚能使五穀豐熟，增長眾生之財寶、福德。

尊勝佛母也被視爲毗盧遮那佛（大日如來）的化身，又爲藏傳佛教三長壽佛：無量壽佛、白度母、尊勝佛母之一。

在《佛頂尊勝陀羅尼別法》中記載：「作法七日，於七日內誦滿萬遍了，佛頂山放大光明。呪師七日內，數數發露懺悔，起大悲願，當爾之時，即得法成，更莫疑慮之，虔心供養，生福無量。」經中又說及求財寶之法：「二十二法：若有眾多貴人賤人，欲得擁護及自身所求財寶稱意，當起善心，敬禮無時，佛像前結印，誦呪七遍，瞻仰佛面目不動，如此作法，即得種種福德充足。命終之後，不入地獄惡道。」

《尊勝佛頂修瑜伽法軌儀》也說：「第十三法者，若有沙門、婆羅門、毗舍、首陀四眾等，欲得福報具足者，每日發願懺悔誦此真言七遍，以此功德迴施一切眾生，但作此，心即得如願。……第十八法者，若有國內五穀不熟、風雨不時，當以白絹作幡，書真言於上，并畫作佛頂印，懸於一百八十尺剎上，向正南著之。即得風雨調適、五穀成熟、人民安樂；即得惡龍迴心作善，阿修羅王不能障礙。……第三十法者，若有人顧賣不售，所求不稱意者，行者為結印誦，真言二十一遍，安置善住形像於密處供養，即得所求顧賣稱意。」

尊勝陀羅尼共有八十七句，依其長短分別被稱為大咒、中咒、小咒。受持、書寫、供養、讀誦此陀羅尼，或是安置於塔、高幢、樓閣等，可得淨一切惡道，消除罪障、增長壽命、往生極樂世界之功德。在中國、日本，修持此陀羅尼者甚多，而且非常靈驗。

⊙佛陀宣說佛頂尊勝陀羅尼的因緣

有一天，佛陀在舍衛國衹樹給孤獨園，爲大比丘眾、菩薩、天眾、天龍八部等大眾說法。

這時，三十三天善法場中，有一天子名爲善住，處於廣大寶宮之中，縱情歡樂，有諸多美麗采女侍奉嬉戲，奔馳遊玩，娛樂心情，十分歡暢。

到了夜裏，空中忽然有聲音呼喚：「善住，再七天就是你的大限之日，你從天上死後，會七次投生於閻浮，後又入於地獄，後再生爲人，不但貧窮而且天生眼盲，受一切苦惱。」善住聽了之後，恐怖驚惶，汗毛直豎，憂愁不已，急急來到釋提桓因天帝的處所，先禮敬天帝雙足，立即驚慌恐懼的稟告天帝：「請天帝垂哀！救我苦厄！救我苦厄！我今天正在享受天樂，縱心適意。忽然有聲音說我七日即將命終，死後七世生於人間，又墮地獄，受盡苦惱。我今煩荒悶迷，不知如何得脫出。惟請天帝悲愍，拔除解救我的苦毒！」

釋提桓因聽了善住的話，就以天眼觀察他死後七生。他看見善住，從天上命終之後，便受豬身，死後又受狗身，接著又受狐身、猴身、毒蛇身、鷲身、烏鴉身。如是七生，恆食穢惡。釋提桓因預見這些事，爲善住將受大苦深感悲憫，心想：「有什麼方法能幫他？有誰能救他呢？現在恐怕除了如來之外，沒有其他人能救他了。」

於是天帝立即準備了種種華鬘、上妙之香、末香、燒香及天衣瓔珞等莊嚴器具，來到祇園佛陀聖尊之所，頂禮佛陀雙足，右繞佛七匝，獻上廣大供養之後，便向佛陀禀告了善住的事，祈求如來加持。

這時如來即從頂上放出大光明，中有五色虹光，光明流照十方一切眾生界，再還至佛所，右繞三匝從佛口入。於是佛陀就微笑告訴釋提桓因：「有佛灌頂清淨諸趣佛頂尊勝陀羅尼，能淨除一切業障，地獄、畜生、閻摩盧迦生死苦惱。破地獄道，升於佛路。天帝！這清淨諸趣佛頂尊勝陀羅尼，若有聽聞此陀羅尼者，能除一切生死相續的業障及種種苦患。當獲善果，證得宿命智。」——

因爲善住的因緣，佛陀宣說佛頂尊勝陀羅尼，除去眾生一切障礙，福德增長，不入惡趣，而善住也依此福報，滅除了無始罪障。

⊙佛頂尊勝佛母的形象

佛頂尊勝佛母，有稱其爲頂髻尊勝佛母，又簡稱爲尊勝母。其形像有三面八臂，面上各具三眼，中面白色，嫵媚寂靜貌，右面金黃色笑容愉悅狀，左面爲似烏巴拉花之藍色，露牙現兇忿相，身如秋月皎白無瑕，面貌如妙齡少女。

右第一手持四色十字金剛羯磨杵於胸前，二手托蓮座上有阿彌陀佛（亦或爲大日如來），三手持箭，四手施願印置於右腿前；左第一手忿怒拳印持羂索，二手上揚作施無畏印，三手執弓，四手定印托甘露寶瓶。佛母身有花蔓、天衣、寶冠、瓔珞等莊嚴，安坐於蓮花月輪上。

根據儀軌所述，尊勝佛母以白色蓮花手觀音及藍色寂靜金剛手菩薩爲左右脇侍，四大明王爲護法，東方不動明王，右手執寶劍。南方愛染明王，右手執鐵鈎。西方持棒明王，右手執藍棒。北方大力明王，右手執杵。四明王皆身藍色，左手都作忿怒拳印當胸，髮眉鬚如火燃狀，大牙怒咬。皆以虎皮爲裙，蛇飾爲瓔珞，雙足右屈左伸，力士姿威立。

佛母中面白色表示平息災障，右面黃色表諸法增益，左面藍色表降伏之法。手托大日如來爲其上師，表懷愛。箭代表勾召眾生的悲心，施無畏印代表使眾生遠離一切怖畏，施願印表示滿足一切眾生的心願，弓者勝三界，定印托甘露瓶，表示使眾生得以長壽無病，十字金剛杵表降魔降災事業成就，羂索代表降伏一切難調伏之眾生。

持誦尊勝佛母陀羅尼者，能滅一切重罪。得眾人愛敬，命終之後生於極樂國，並得大涅槃，也能增長壽命，受殊勝快樂，從此地往生之後，即得往生種種微妙諸佛剎土。

真　言：唵阿密嘌都姤婆韓娑婆訶

佛眼佛母

【特德】修習佛眼佛母法可以具足七寶，福如轉輪勝王，廣增如意財寶摩尼。

佛眼佛母（梵名Buddha-locani），梵名音譯爲沒陀路左曩、勃陀魯沙那；又稱爲佛眼、佛眼尊、佛母尊、佛母身、佛眼部母、佛眼明妃、虛空眼明妃、虛空藏眼明妃、一切如來佛眼大金剛吉祥一切佛母等。是密教所供奉的本尊之一，位於密教胎藏界曼荼羅中，遍知院及釋迦院中的一尊。

佛眼佛母尊乃般若中道妙智的示現，具有五眼，能出生金胎兩部諸佛、菩薩，爲出生佛部功德之母，故稱佛眼。修持佛眼佛母之法門，可以平息災障，增長福德、壽命，常做爲財寶法之本尊。

《白寶口抄》中云：[illegible] 字爲佛眼佛母的種子字，而 [illegible] 字是 [illegible] [illegible] [illegible] 三字

佛眼佛母

合成字也。[illegible]性寂不可得字，性寂故攝諸善，萬行萬善功德皆悉備此字。經云：生一切福、滅一切罪是此功能也。而𑖨字之義爲塵垢不可得，是南方寶部尊的種子字，即寶珠。摩尼表示無垢，是離塵垢義。《梵網經》開題云：𑖨字塵垢也，大空三昧時，還一切塵垢爲寶。又〈三種悉地軌〉云：金玉、珠寶、日月、星辰、火珠光明從[illegible]字成。

又經中說，此尊三昧耶爲如意寶珠，且如意寶珠爲佛眼尊的持物。《菩提場一字頂輪王經》二云：「佛眼明妃右手持如意寶。左手施願，以所持物爲三形事如常，又吉祥寶珠名也。」佛眼品：「名金剛吉祥，可知又此尊寶珠能生母。」

又經云：「𑖤𑖲𑖟𑖿𑖠法以佛眼爲部主。本尊即懸佛眼曼荼羅也，或𑖤𑖲𑖟𑖿𑖠法，名如寶佛眼法。皆此等寶珠故也。當流爲佛眼習寶珠一體，至極祕傳也。」

又經云：「一切不吉祥，七曜所作也，然此佛眼尊破彼不吉祥事，爲施吉祥，佛眼近邊，是七寶義也。經云：『福如輪王，七寶具足，壽命長久，千萬俱胝。』」

佛眼佛母（遍知院）

經云：佛母告諸如來言：「有情見者如父母想，福如輪王，七寶具足。……我遣娑婆世界雨摩尼珠，一者佛眼文句，二者廣大不空摩尼文句。」

由上經文所記載，足見佛眼佛母的增益財寶功德。

佛眼佛母的種子字  ，具有南方寶部尊種子字的屬性，爲摩尼寶珠，而其三昧耶形爲如意寶珠，亦是此尊之持物，經云：「修學此尊可以七寶具足，福如轉輪勝王。」又經云：遣娑婆世界雨摩尼珠，可誦佛眼佛母真言。故修學此尊，可廣增如意財寶摩尼。

⊙佛眼佛母的形像

在遍知院的佛眼佛母，又名爲虛空眼、諸佛母，位於中央一切如來智印的北方，密號殊勝金剛。形像是遍身肉色，頭戴寶冠，繫有珠鬘，耳懸金環，臂著釧環，穿紅錦衣，結定印，於赤蓮華上結跏趺坐。

而其在釋迦院中的佛眼佛母，又名遍知眼、能寂母、一切如來寶，位於中央釋迦牟尼佛北方下列的第一位，密號實相金剛。形像爲通身金色，右手豎掌，屈中指、無名指，小指稍屈，伸拇指和食指；左手屈臂，置於胸前，持蓮華，華上如意寶，面向左方微微仰視。

另外，關於此尊形像，在諸經論中各有異說，如：

《金剛峰樓閣一切瑜伽瑜祇經》卷下〈金剛吉祥大成就品〉中說：住於大白蓮上，身是白月光色，兩目微笑，二羽住臍，如入禪定，從一切支分出生十恆河沙俱胝佛。

《菩提場所說一字頂輪經》卷二〈畫像儀軌品〉中說，形如女天，坐寶蓮華，身如金色，目觀大眾，著輕縠衣，角絡而披。右手持如意寶，左手施願印，圓光周遍，熾盛光明，身儀寂靜。

《不空羂索神變真言經》卷九云：右手背壓在左手掌上，伸置臍下，結跏趺坐。

《大聖妙吉祥菩薩說除災教令法輪》中說：身相紅蓮色，左作五眼契，右結如來拳。

密教以即佛眼佛母、般若波羅蜜等能產生諸佛，所以尊之為佛母。在《大品

佛眼佛母（釋迦院）

般若經》卷十四〈佛母品〉說：是深般若波羅蜜能生諸佛，能與諸佛一切智，能示出世間相，所以諸佛常以佛眼比喻深般若波羅蜜。

種子字：𑖐（ga）或𑖐𑖽（gaṃ）、𑖫𑖿𑖨𑖱（śrī）

三昧耶形：佛頂眼

印　　相：虛心合掌

真　　言：南麼　三曼多勃馱喃　伽伽那嚩囉落吃灑嬭伽伽那糝迷　薩婆覩嗢蘗多避　娑囉三婆吠入縛羅　那謨　阿目伽難　娑訶

namaḥ samanta-buddhānāṃ gagana-vara-lakṣaṇe gagana-same sarvatodgatābhiḥ sāra-sambhave jvala namo moghānāṃ svāhā

虛空藏菩薩

【特德】

虛空藏菩薩具足虛空般無盡的智慧、福德二種寶藏，因此能出生無量寶物，滿足一切眾生欲求，所願具足。

虛空藏菩薩（梵名Ākāśa-garbha），又譯爲虛空孕菩薩，因爲他具足福德、智慧二種寶藏，無量無邊，猶如虛空廣大，所以稱爲虛空藏菩薩。他能出生無量寶物，滿足一切眾生之欲求，可說是典型的財寶本尊，因此又被稱爲如意金剛、富貴金剛、無盡金剛。

《大方等大集經》卷十六中佛陀告訴速辯菩薩說，虛空藏菩薩：「於虛空中隨眾生所須，若法施、若財施，盡能施與，皆令歡喜以是故，善男子！是賢士以此方便智故名虛空藏。」並說虛空藏菩薩過去世，於普光明王如來出世時爲功德莊嚴轉輪聖王之子名師子進，與師子等諸王子捨世王位，出家修道。後爲度化功德莊嚴王的驕慢心，現無量神變，「於上虛空中雨種種妙物，所謂諸華香、末香、塗香、繒蓋、幢幡，作種種天樂，美饍、飲食、瓔珞、衣服、種種珍寶皆從空中繽紛而下，雨如此寶，滿足三千大千世界，眾生得未曾有，皆大喜悅。爾時，從地神諸天上至阿迦膩吒天皆歡喜踊躍，唱如是言：『此大菩薩可名虛空藏。所以然者，以從虛空中能雨無量珍寶充足一切。』爾時，世尊即印可其言名虛空藏。」

同經中並記載：「虛空藏菩薩即入稱一切眾生意三昧，入已以此三昧力故，於此三千大千世界，妙寶莊嚴堂上虛空中，雨種種妙物，隨眾生所欲盡給足之。所謂須華雨華，須鬘、須香、須末香、須塗香，須繒蓋幢幡，須種種音樂，須嚴身之具瓔珞衣服，須餚膳飲食，須車乘翼從，須金銀、琉璃、頗梨、車渠、馬瑙、真珠、珊瑚，雨如是等種種珍寶隨意與之。有須法、欲法、樂法之者，於虛空中隨所樂聞，出眾法音悅可耳根，所謂：契經、音合偈經、受記經、偈經、結可經、因緣經、雙句經、本生經、勝處經、方等經、未曾有經、大教勑法，須如是等經者，盡出應之。須譬喻者，須那羅等變音者，須巧言語音者，須種種雜音者

虛空藏菩薩

，須甚深音者，須方便淺音者，須如是等音者盡出應之。須聲聞乘度者，出四諦法應之；須緣覺乘度者，出甚深十二因緣法音應之；須大乘度者，出六波羅蜜不退轉法音應之。（中略）以虛空藏菩薩神力故，於上空中雨如是等妙法及財，令三千大千世界一切眾生得無量不可思議快樂所願具足，有患苦眾生蒙藥除愈，孤窮眾生得無量珍寶，繫閉眾生得開悟解脫，諸根不具者悉得具足。」

另於《別尊雜記》卷二中記載：「虛空藏菩薩者，表一切如來恆沙功德福聚資糧，修瑜伽者於此部中，速成就所求一切伏藏，皆得現真多摩尼寶。」《覺禪鈔》引《大日經疏》十一云：如虛空不可破壞，一切無能勝者，故名「虛空」等歟。又「藏」者，如人有大寶藏，施所欲者，自在取之，不受貧乏，如來虛空之藏亦復如是，一切利樂眾生事，皆從中出無量法寶，自在受用，而無窮竭相，名虛空藏也，此藏能生一切佛事也。

又舉《教王經疏》四云：虛空藏大菩薩者，是三昧之主也，即此菩薩所修之行故，云虛空藏菩薩三昧耶，福德之聚無邊無際，猶如虛空。所言藏者，略有三義謂：一者能藏名藏，二者所藏名藏，三者能生名藏。此三昧耶，包含世間及出世間福德之聚，無所妨礙故，言能藏名藏，故《理趣釋》云：此菩薩在右月輪，表一切如來真如恆沙功德資糧聚也，又眾生薄福不能感得，而爲薄福之所示復藏，故名所藏也。大聖慈悲憐愍有情，開法界藏，出生無量金剛七寶，施與一切故，言能生爲藏也。

在《虛空藏菩薩神咒經》中，佛陀贊歎虛空藏菩薩：「禪定如海，淨戒如山，智如虛空，精進如風，忍如金剛，慧如恒沙。是諸佛法器，諸天眼目，人之正導，畜生所依、餓鬼所歸，在地獄救護眾生的法器。應受一切眾生最勝供養。」可見這位菩薩功德之殊勝。

在《虛空藏菩薩經》中則敍述，佛陀住在佉羅底翅山時，虛空藏菩薩從西方一切香集依世界的勝華敷藏佛所，與十八億菩薩來到娑婆世界，並以其神力變化娑婆世界成爲淨土，使一切與會大眾兩手皆有如意摩尼珠，其珠放出大光明，遍照世界，並奏天樂，出生種種寶物。

由以上經疏中種種記載，不但可知虛空藏菩薩之所以名虛空藏與財寶有著深密的因緣，更可以知道此財寶本尊虛空藏菩薩不僅可賜予眾生世間無量種種珍妙財寶，滿足眾生世間的需求，更能增進眾生意樂，施予種種法財，令一切眾生圓滿菩提，同時圓滿眾生福智二種資糧。

如：《阿娑縛抄》舉《理趣釋》云：修行者修虛空藏菩薩三摩地行故應建立本菩薩曼荼羅，中央畫虛空藏菩薩，如本形，前畫金剛寶，右畫金剛光，左畫金剛幢，後畫金剛笑，內外院四隅各別內供四供養，如本形。東門安金剛杵，南門寶，西門蓮花，北門鈴。修行者若入此曼荼羅，令他人現生所求一切富貴、階位悉得，滅一切窮。

另外，《阿娑縛抄》卷第百三中也舉出《大虛空藏軌》云：在家出家薄福、少德、乏少資具者，所求世間、出世間勝願，多不遂意。若依此教法修行，業報等障，皆悉消除；福德增長，心神適悅；淨信大乘，利樂有情，心無退轉；世間、出世間所有財寶，悉皆獲得，於一切眾生，能作利益。一稱一念所得福聚，尚猶虛空，何況作意如法修持，所願必獲殊勝成就。由此即可知其於求財寶富貴法的效驗於一斑。

虛空藏曼荼羅

⊙五大虛空藏菩薩求富貴法

五大虛空藏菩薩，是指法界虛空藏、金剛虛空藏、寶光虛空藏、蓮華虛空藏、業用虛空藏等五菩薩，又稱解脫虛空藏、福智虛空藏、能滿虛空藏、施願虛空藏、無垢虛空藏；或稱智慧虛空藏、愛敬虛空藏、官位虛空藏、能滿虛空藏、福德虛空藏。此五尊分別是大日如來、阿閦如來、寶生佛、阿彌陀佛、釋迦牟尼佛等，五佛各住於如意寶珠三昧所變現，象徵成就如來五智三昧。

在《別尊雜記》中有五大虛空藏求富貴法，據載，行者應於中圓畫白色虛空藏，左手執鉤，右手持寶。前圓畫黃色虛空藏，左持鉤，右執寶金剛。右圓中青色虛空藏，左執鉤，右持三瓣寶，放大光明。後圓中畫赤色虛空藏，左持鉤，右持大紅蓮花。左圓中畫黑紫色虛空藏，左持鉤，右持寶羯磨。是名五大虛空藏求富貴法。其菩薩衣服、首冠、瓔珞皆依本色，各半跏坐。畫此像已，於壇前無間但誦五字明（詳見於後）一千萬遍，即得富貴成就。

〈金剛吉祥大成就品〉所載，此五尊虛空藏菩薩分別乘坐師子、象、馬、孔

五大虛空藏菩薩

雀、迦樓羅鳥。其總印之印相爲外五鈷印，二中指作寶形，並在其餘四指之端觀想寶形。

以五大虛空藏菩薩爲本尊之修法，稱爲五大虛空藏法，常用於祈求財富、壽命、智慧等增益法。

⊙虛空藏菩薩的形像

虛空藏菩薩在胎藏曼荼羅虛空藏院中爲主尊，身呈肉色，頭戴五佛冠，右手屈臂持劍，劍緣有光焰；左手置於腰側，握拳持蓮，蓮上有如意寶珠，坐於寶蓮華上。其所持的寶珠、劍，即代表福德、智慧二門。頂戴五佛寶冠，表示具足萬德圓滿之果德。右手持的寶劍表示其內證之智，身後之慧、方、願、力、智五波羅蜜菩薩由此出生。

虛空藏菩薩左手持蓮花，上有寶珠，寶珠有一瓣、三瓣或五瓣。一瓣寶珠表一寶相的菩提心；三瓣寶珠表胎藏之佛部、蓮花部、金剛部等三部，大定、智、悲；五瓣寶珠表金剛界之五智。亦即表內證之福德，自此流出布施、持戒、忍、

虛空藏菩薩

精進、禪定五波羅蜜菩薩。其眷屬十波羅蜜菩薩，著羯磨衣，是從虛空藏菩薩之福德智慧二莊嚴所化現。

另於釋迦院中右手執拂，左手持蓮，蓮上有綠珠，立於平敷蓮座上。若爲彰顯果德則身色爲黃金色。此外在《觀虛空藏菩薩經》中則描述：爾時當起是想是虛空藏菩薩，頂上有如意珠，其如意珠作紫金色。若見如意珠，即見天冠，此天冠中有三十五佛像，現如意珠中，十方佛像現虛空藏菩薩身，長二十由旬。若現大身，與觀世音等。此菩薩結跏趺坐，手提如意珠玉，如意珠演眾法音。

《覺禪鈔》舉《理趣釋》上云：虛空藏菩薩背月輪，右手持金剛寶，左手施願，半跏而坐。又說：「念誦結護云，虛空藏菩薩身如紫金色，頂戴五佛，左施無畏，右持青蓮花，花中有紅頗梨寶，菩薩於中乘青蓮花，坐月輪中。」

此外，虛空藏菩薩也常化現爲天黑後第一顆出現的明星，因此也被認爲與明星天子是同體所現。

台北郵政第26～341號信箱

全佛文化事業有限公司

地址：　市縣　鄉鎮市區　請寫郵遞區號……　路(街)　段　巷　弄　號　樓

姓名：

廣告回信
台灣北區郵政管理局登記證
北台字第8490號

全佛文化事業有限公司
讀者回函卡

請將此回函卡寄回，我們將不定期地寄給您最新的出版資訊與活動。

購買書名：＿＿＿＿＿＿＿＿＿＿＿＿＿＿＿＿

購買書店：＿＿＿＿＿＿＿＿＿＿＿＿＿＿＿＿

姓　　名：＿＿＿＿＿＿＿＿＿＿　性　　別：□男　□女

住　　址：＿＿＿＿＿＿＿＿＿＿＿＿＿＿＿＿

E-mail：

連絡電話：(O)＿＿＿＿＿＿＿＿　(H)＿＿＿＿＿＿＿＿

出生年月日：＿＿＿＿＿年＿＿＿＿＿月＿＿＿＿＿日

學　　歷：1.□高中及高中以下　2.□專科　3.□大學　4.□研究所及以上

職　　業：1.□高中生　2.□大學生　3.□資訊業　4.□工　5.□商
6.□服務業　7.□軍警公教　8.□自由業及專業　9.□其他＿＿
職務：＿＿＿＿＿修持法門：＿＿＿＿＿依止道場：＿＿＿＿＿

本書吸引您主要的原因：

1.□題材　2.□封面設計　3.□書名　4.□文字內容　5.□圖表
6.□作者　7.□出版社　8.□其他＿＿＿＿＿＿＿＿

本書的內容或設計您最滿意的是：

＿＿＿＿＿＿＿＿＿＿＿＿＿＿＿＿＿＿＿＿

對我們的建議：

＿＿＿＿＿＿＿＿＿＿＿＿＿＿＿＿＿＿＿＿

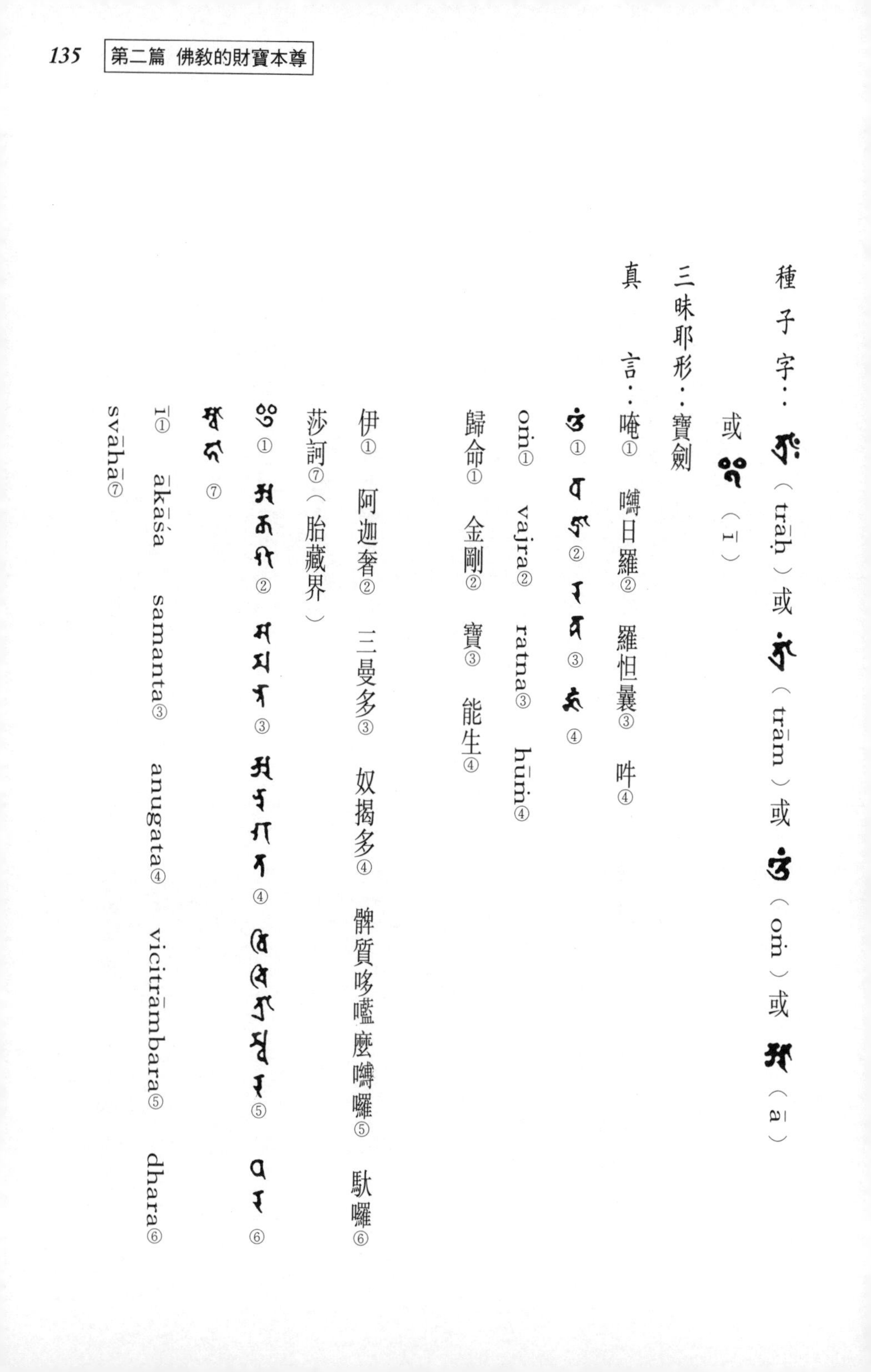

種子字：（trāḥ）或（trāṃ）或（oṃ）或（ā）
或（ī）

三昧耶形：寶劍

真　言：唵① 嚩日羅② 羅怛曩③ 吽④

① ② ③ ④

oṃ① vajra② ratna③ hūṃ④

歸命① 金剛② 寶③ 能生④

伊① 阿迦奢② 三曼多③ 奴揭多④ 鞞質哆嚂麼嚩囉⑤ 馱囉⑥
莎訶⑦（胎藏界）

① ② ③ ④ ⑤ ⑥
⑦

ī① ākāśa samanta③ anugata④ vicitrāmbara⑤ dhara⑥
svāhā⑦

伊（種子；自在之義）① 虛空② 等③ 得④ 種種衣⑤ 著⑥

成就⑦

成就富貴虛空藏鉤召五字明

鑁吽怛落紇里惡

地藏菩薩

【特德】

地藏菩薩是諸微妙功德伏藏，俱諸解脫珍寶，如同如意珠雨眾財寶，隨所希求不論祈求五穀豐盈或是求福德、財富，皆令滿足。

地藏菩薩（梵名 Kṣitigarbha），是悲願特重的菩薩，因此又被稱之為大願地藏王菩薩，以彰顯其特德。

地藏，顧名思義，即是指一切潛伏在大地的寶藏。在《十方廣十經》卷一，以地藏為伏（埋藏在地中的寶藏）之義，於《究竟一乘寶性論》卷四以地中之伏藏喻顯「如來藏」。而這個寶藏，一方面代表眾生的清淨無染佛性，能夠使我們成就圓滿的佛果，另一方面也代表生命無盡的福德、智慧、財寶，所以地藏代表了一切不可思議功德伏藏。

又經云：地藏菩薩住金剛不可壞行境界三昧者，猶如金剛地輪，以極堅固不

地藏菩薩

可壞，故能住持萬物使不傾動；又如大地出種種珍寶伏藏，無有窮盡，含藏一切種子，令不朽敗，漸次滋榮。

地藏，能滿足一切眾生世間及出世間心願，是能出生眾生成佛的母胎。大地，在具體的現象意義上，具有生長、堅固、住持萬物、不動、廣大及母胎等等特質，具有出生一切寶藏的力量。而地藏菩薩即具有如此的福德，故以地藏來做爲其名號。

在《大乘大集地藏十輪經》中記載：隨所在處，若諸有情衣食資具有所匱乏，能至心稱名念誦、歸敬供養地藏菩薩，一切皆得如法所求。又云：能爲修學地藏菩薩法門的行者守護，一切財位令無損乏。由此可見，無論是祈求五穀豐盈，或是求福德、財富，都可以地藏菩薩爲本尊來修法。

而在更深層的密意上，《地藏十輪經》中說地藏菩薩「安忍不動如大地，靜慮思密知秘藏」，所以名爲「地藏」。

安忍不動如大地，是指地藏菩薩的忍波羅蜜第一，猶如大地一般，能夠承載一切眾生的種種罪業，即使所有污穢、罪業加在他身上，他仍安忍不動。而靜慮思密知秘藏中的靜慮，是彰顯其智慧禪定的不可思議。定力、智慧具足，所以能夠了知一切秘藏，一切佛法的祕要。地藏菩薩具足了最高的德性，不但能夠承載眾生的苦難，而且能夠了知一切生命的法要，所以稱之為「地藏」。

若我們的工作、職業與「大地」有相關連者，修持地藏菩薩能有廣大的幫助與利益。我們每天安住在大地，在安坐時，走路時，如果能憶念地藏菩薩的特德，就能與地藏菩薩相應，不但所願圓滿，身體也會自然地像大地一般安穩、健康。

⊙地藏菩薩發心修行的因緣

地藏菩薩在本生故事中，最為有名的即是為婆羅門女及光目女，為了解救地獄的母親而發起大悲誓願。除此之外，地藏菩薩發心的因緣還有其他的故事。

在這無窮的時劫之前，有一位佛陀出世，號為師子奮迅具足萬行如來。這時正值地藏菩薩的過去世，他是一位大長者的孩子。

這位大長者之子，夙具慧根，因此具足因緣，而前往參禮師子奮迅具足萬行如來。

長者子來到佛陀身前，稽首頂禮之後，見到如來具足三十二相八十種好，有著千福莊嚴，不禁心中雀躍，目不暫捨。

長者子此時以無比恭敬的心，向佛陀問道：「佛陀！要修習何種的行願，才能與如來一樣，得證如此殊勝的妙相？」

於是佛陀告訴長者子說：「諸佛的身相莊嚴都是由大悲福德所成就的。如果要證得圓滿的佛身，必須在久遠的時劫當中，救度解脫一切受苦的眾生，才能獲得。」

佛陀的三十二相、八十種好，是用一切的福德莊嚴所圓滿的。

當一位菩薩開始學習決定成佛的道果時，就啟動了三十二相的淨業修行。

從此時到達成就無上正等正覺的佛果之時，於其中間，菩薩多聞無厭，思惟修行，當他修行一一種相好的時候，就用百種福德來加以回繞莊嚴，所以名爲百福莊嚴，乃至千福莊嚴。

世間所有的福德，是遠遠不及於如來的福德的。

菩薩常在無量的時劫當中，爲所有的眾生，創造廣大的利益，他們一心誠意的精進勤行一切的善業，因此如來才會成就具足無量的功德。所以，佛陀的三十二相就是大悲心行的果報。

◎增長財寶力勢的神咒

地藏菩薩爲了使眾生能獲得增長憶念、壽命、身體、身體的力量、名聞等世間的一切善法。並使他們增長智慧、大慈大悲等出世間的一切善法，而宣說以下不可思議的神咒。

這個神咒能使名聲遍揚世界，並能增長一切的大地精氣滋味，使身心的精氣增強，能善作事業、增長圓滿正法的精氣，使智慧的光明普生，乃至圓滿菩薩行，成就解脫涅槃。

這個不可思議的真言名爲：「具足水火吉祥光明大記明咒總持章句」。

這真言能令一切的清淨白法增長，一切植物的種子、根鬚、芽莖、枝葉、花果、藥穀等的精氣滋味增長。

並能使雨澤豐潤，增長有益的地、水、火、風等四大的力量，使喜樂、財寶

地藏菩薩

、勝力，及一切的身心及外在環境受用因緣，都獲得增益，並使智慧猛利，摧破一切煩惱。

此真言神咒如下：

識蒱　識蒱　識識蒱　阿迦舍識蒱　縛羯洛識蒱　菴跋洛識蒱　籤羅識蒱
伐折洛識蒱　阿路迦識蒱　莫摩識蒱　薩帝摩識蒱　薩帝昵訶羅識蒱　毗婆路迦
插婆識蒱　鄔波莫摩識蒱　奈野娜識蒱　鉢　刺惹三年底刺拏識蒱　剎拏識蒱
毗濕婆梨夜識蒱　舍薩多臘婆識蒱　毗阿荼素叱　莫醯隸茗謎　睒謎　斫羯洛細
斫羯洛沫呬隸　厠隸　諱隸　揭刺婆跋羅伐刺帝　㰅嚇　鉢刺遮囉飯怛泥　曷刺
怛泥　播囉　遮遮遮遮　㰅隸　弭隸　黳羯他　託契　託齲盧　闥嚇　闥嚇　弭
隸　磨綻　瘴綻　矩隸　弭隸隸　盋矩之多毗　遏哱　祁哱　波囉祁哱　矩叱苫
沫隸　敦祇　敦祇　敦具隸　滸盧　滸盧　滸盧　矩盧窣都弭隸　弭哱第　彌嚟
綻　叛荼陀　喝羅　㰅梨　滸盧　滸魯盧

這個神咒的意思是：

善巧宣說（此神咒）能清淨一切諸有的塵勞，

善巧宣說能清淨鬥諍的時劫，
善巧宣說能清淨濁惡的意念，
善巧宣說能淨化污濁的地、水、火、風等大種。
善巧宣說能清淨濁惡的味著，
善巧宣說能淨化濁惡的氣息，
善巧宣說能滿足所有的希望，
善巧宣說能成種各種的稼穡。
善巧宣說能令一切的佛陀如來世尊所加護，
善巧宣說能令一切的菩薩加護而隨喜。

當地藏菩薩宣說這個殊勝的真言，流轉於山河大地及一切法界時，大地中所有的草木都欣欣向榮，一切的環境，都獲得了無比的生機，所有的生命共同共榮，一切的祥和，充滿了宇宙之間。這真是使一切的大地獲得增長守護，一切的生命獲得增益，可說是護生的奇妙妙咒。

⊙地藏菩薩的形像

1.比丘形

地藏菩薩的形象，在《十輪經》中說其是作聲聞相。這在一般菩薩形象中是很特殊的，因為菩薩一向是珍寶珠鬘嚴身，頭戴寶冠，示現華麗的在家相，較少像地藏菩薩是現圓頂的比丘聲聞像。

地藏菩薩此種形像，是「外現比丘相，內祕菩薩行」，這是為了使眾生能出離惡道、輪迴，所以特別示現出離世間，朝向正覺之道的聲聞相。

在《地藏菩薩儀軌》中也說：地藏菩薩作聲聞形像，袈裟端覆左肩，左手持盈華形，右手施無畏，安坐蓮華。

如果現大士像，則頂著天冠，著袈裟，左手持蓮華莖，右手如先，安坐九蓮台。在《圖像抄》第五、《別尊雜記》第二十八、《覺禪鈔》地藏（上）、《阿娑縛抄》第一百一十地藏卷等皆舉此像。

《別尊雜記》第二十八及《覺禪鈔》地藏上，舉出比丘形，左手持寶珠，右

示現聲聞相的地藏菩薩

手作與願印，右腳垂下，坐蓮花上，在雲上之圖。

在中國佛教中，地藏的形相多是左手持如意寶珠，右手拿錫杖，多現聲聞比丘，或是戴五方佛帽。

2.菩薩形

但是，在《大日經》中，地藏菩薩也有與一般菩薩一樣，頭戴天冠的菩薩造形，此菩薩在密教中，居於胎藏界地藏院中央，與寶處、寶掌、持地、寶印、堅固意菩薩合稱爲六地藏。此尊地藏的形象是：白肉色，左手持蓮花，上有幢幡，右手持寶珠。也有右手作施無畏印。

⊙六道地藏

一般人以爲，地藏菩薩只在地獄道裡救度地獄眾生，其實不然，在整個六道中，地藏菩薩都有能力教化濟度，這是所謂的六地藏——渡化六道眾生的地藏。六地藏之名，也是依娑婆世界有六道眾生而說的，他方世界或七道或四道不等者，地藏亦依他方的因緣而一一示現應化之。

示現菩薩形的地藏菩薩

六道地藏的名稱，各經軌所載不一，但是大體而言，皆源於《大日經疏》卷五，胎藏界地藏院九尊中之六上首，即：地藏、寶處、寶掌、持地、寶印手、堅固意。

六地藏之信仰，在日本非常流行。左表爲《覺禪鈔》地藏卷下及《地藏菩薩發心因緣十王經》所列舉之六地藏：

所化道	《覺禪鈔》地藏名	持物與手印	《十王經》地藏別稱	持物與手印
天道	大堅固地藏	寶珠、經	預天賀地藏	如意珠、說法印
人道	大清淨地藏	寶珠、施無畏印	放光王地藏	錫杖、與願印
修羅道	清淨無垢地藏	寶珠、梵篋	金剛幢地藏	金剛幢、施無畏
畜生道	大光明地藏	寶珠、如意	金剛悲地藏	錫杖、接引印
餓鬼道	大德清淨地藏	寶珠、與願印	金剛寶地藏	寶珠、甘露印
地獄道	大定智悲地藏	錫杖、寶珠	金剛願地藏	閻魔幢、成辦印

種子字：（ha）

三昧耶形：蓮花上之寶珠幢

印　相：地藏旗印（內縛，二中指伸豎）成法身印及法印。

真　言：南麼① 三曼多② 勃馱南③ 訶訶訶④ 蘇怛奴⑤ 莎訶⑥

namaḥ① samanta② buddhānāṃ③ ha ha ha④ sutanu⑤ svāhā⑥

歸命① 普遍② 諸佛③ 離三因④ 妙身⑤ 成就⑥

彌勒菩薩

【特德】 若修持彌勒菩薩如意悉地法成就者，即能遍滿十方世界，雨諸七寶施與衆生，供養一切諸佛菩薩，隨意自在成就。

彌勒菩薩（梵名 Maitreya），又作梅怛儷藥、末怛唎耶、彌帝禮、彌帝隸，或梅任梨，譯作慈氏。是當來下生，繼釋尊之後成佛的菩薩，故又稱一生補處菩薩，補處薩埵或彌勒如來。

彌勒菩薩號爲慈氏，這個名號的建立，最根本是來自其本願所行，在緣起上，他生生世世皆是修習慈心三昧、行慈行來救度衆生。而在《賢德經》中則記載：彌勒菩薩之父名爲修梵摩，母稱梵摩提跋，生於南天竺的婆羅門家。因爲菩薩的母親懷孕之後，性情變得慈和悲憫，所以菩薩出生後，即取名爲「慈氏」。

彌勒菩薩的特德，是希望在拔除衆生痛苦之後，更進一步給予其安樂，給予

彌勒菩薩

眾生法樂。他涵蓋了世間與出世間，使眾生在世間的生活上能平和地具足一切，在出世間上，則使眾生得到真實的大安樂。

由於彌勒菩薩的本願——發願要給予一切眾生安樂，因此在基本的生存條件滿足之後，更豐厚的財富，更深層的心靈需求，及更安適的生活環境，正是彌勒菩薩度化眾生的特色。

在《慈氏菩薩略修愈誐念誦法》卷下〈慈氏菩薩修愈誐法分別悉地法品〉中載有求如意摩尼珠法及求如意寶瓶法等求財寶法，據該法所述：

若求如意莽尼珠法者，取頗梨、馬瑙、水精等珠極明淨妙者，加持念誦滿三落叉，三相具現即得如意悉地法，滿十方世界，雨諸七寶施與眾生，供養一切諸佛菩薩，隨意自在成就也。

若求如意寶瓶法者，取金、銀乃至瓷瓶作瓶，可受一升已來，一依畫壇法畫佛菩薩等，三重一層畫之即不著水，滿盛白芥子并龍腦香，安置本尊前，誦真言三十萬遍。從瓶口上所畫諸佛菩薩形像上、諸天神王等形像上，放大光明，照觸真言者身上，即得寶瓶上悉地。其白芥子皆變為如意莽尼珠，施與一切眾生，所求如意自在，寶瓶仙中為轉輪王，待慈氏如來下生，為作第一會主。待賢劫千佛時，皆作為轉輪王，千佛皆與授記，與千佛為應身，如是等悉地之法，無量無數不可具陳著。

又說：「或得伏藏悉地，或得合鍊悉地，點化無窮，所點銅鐵鉛錫皆成為金，貧乏眾生廣施利益。」

在中國，彌勒菩薩更以笑咪咪的「布袋和尚」的形像，被視為財神的代表，被普遍敬奉。而布袋和尚在日本更被列為七福神。

⊙福神布袋和尚

在唐朝以前，彌勒佛的造型，和我們平常所看到的文殊、普賢、觀音等菩薩一樣，身材十分健康挺拔。所以，在印度及沒有受到中國佛教影響的區域，是看不到現今常見的彌勒佛造像。

但是現在胖胖的彌勒佛袒胸露腹的形像，笑咪咪的模樣，幾乎成為家喻戶曉的財神、福神，同時他也是日本七福神之一。

布袋和尚，相傳爲彌勒菩薩的化身。

布袋和尚是唐僖宗年間（公元八六〇—八七三年），在明州奉化縣附近，經常出現的一位不知從何處而來的和尚。

這位和尚，自稱爲契此，身形十分的肥胖，腹部很大，常袒腹含笑而行。他說語不定，宛若痴人，到處流浪，所以早晚吃飯、睡覺的處所，也沒有定處。由於他隨身都以柱杖荷著一只布袋、破席，入鎮中行乞，因此大家又稱之爲布袋和尚。

布袋和尚在示寂時，曾留下一首偈頌說：

彌勒真彌勒，分身千百億，

時時示時人，時人自不識。

所以後代江浙間流傳的布袋和尚圖像，在中國的寺廟中，往往被視爲彌勒菩薩而供養之。

⊙彌勒菩薩的形像

彌勒菩薩在金剛界曼荼羅裡屬於賢劫十六尊之一，安置於三昧耶會等的東方北端，有關其形象有種種說法，現圖胎藏曼荼羅的圖相是身肉色，頭戴寶冠，冠中有卒都婆，左手施無畏，右手持蓮花，花上有寶瓶。

但《八大菩薩曼荼羅經》及《大孔雀明王畫像壇場儀軌》所說與之相異，是身金色，左手執軍持，右手揚掌向外，作施無畏印。胎藏圖像及舊圖樣依據此說繪出其像。

又，《慈氏菩薩略修愈誐念誦法》卷上〈入法界五大觀門品〉中，以慈氏菩薩爲修愈誐曼荼羅的中尊，其形象爲身白肉色，頭戴五智如來冠，左手執紅蓮花，於蓮花上畫法界塔印。右手大拇指押火輪甲上，餘指散舒，微屈風幢，有種種寶光，於寶蓮花上半跏趺，以種種瓔珞、天衣、白帶、鐶釧莊嚴。

同上法卷下〈畫像品〉中則說：首戴五如來冠，左手持蓮華，於華上置法界塔印。右手作說法印，結跏趺坐。

布袋和尚

又，《補陀落海會軌》云：東北慈氏菩薩，頂上有妙寶冠，身相白肉色，左定紫蓮花，其上有軍持，右慧摩膝相。一切妙瓔珞嚴飾，爲救世身，安住月輪海。」

《吽迦陀野儀軌》卷上云：「次南方彌勒菩薩手持獨鈷並三鈷，寶冠瓔珞莊嚴，好相具足，有妙蓮華座。」同書卷中又云：「又作隨心曼荼羅，中央彌勒菩薩，左方法音輪菩薩，右大妙相菩薩。」

另西藏密教亦傳有彌勒菩薩，身金黃色，雙手結說法印，垂足而坐，手中所捻龍華樹花心上有法輪與寶瓶爲徵，安住蓮華獅座上。

又，《慈氏菩薩略修愈誐念誦法》卷下〈畫像品〉說三十臂像，詳述有其持物，其下云：「已上如是三十手皆以金剛拳執寶蓮華，於蓮華上置印契，皆以繫天帶，光焰繞之。」《圖像抄》、《別尊雜記》、《覺禪鈔》、《阿娑縛抄》等亦各繪出此圖像。而此像中右第十三手所執的如意棒，即表菩薩悲憫眾生之貧苦，故以此棒打破眾生慳貪之業，並予眾生如意寶之樂。另如左第十三手持蓮華，上畫如意摩尼等皆是與財寶相關的持物。

彌勒菩薩曼陀羅

種子字：𑖀（a）或𑖧𑖲（yu）或𑖪𑖽（vaṃ）

三昧耶形：蓮華上澡瓶或蓮上迅疾印

印相：蓮華合掌

真言：南麼①　三曼多勃馱喃②　摩訶瑜伽③　瑜擬寧④　瑜詣詵縛履⑤

欠若唎計⑥　莎訶⑦

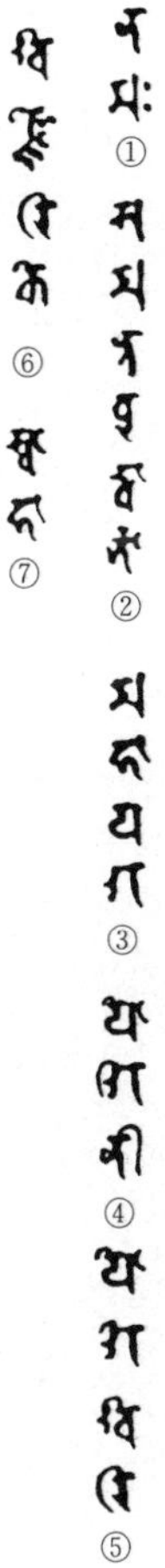

namaḥ①　samanta-buddhānāṃ②　mahā-yaga③　yoginī④

yoge-śvari④　khañjarike⑥　svāhā⑦

歸命①　普遍諸佛②　大相應③　相應者④　相應自在⑤　空生作⑥

成就⑦

唵①　妹怛隷野②　娑縛賀③

oṁ① maitreyā② svāhā③

歸命① 慈氏② 成就③

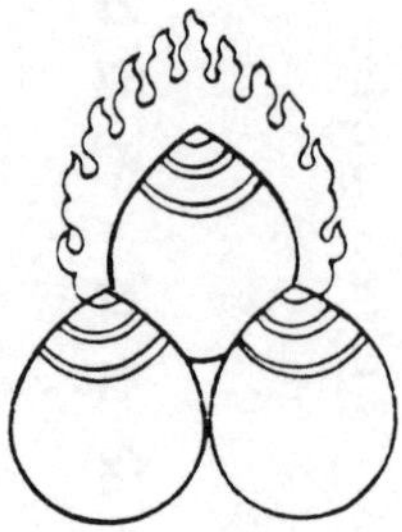

如意輪觀音

【特德】 以如意輪觀音為本尊，能使行者富貴資財、勢力威德得以成就，並具足福德慧解、資糧莊嚴，眾人愛敬。

如意輪觀音（梵名Cintāmaṇi-cakra），梵名音譯爲振多摩尼，意譯爲如意寶珠輪。又作如意輪王菩薩。

如意輪觀音一手持如意寶珠，如意寶珠是指世間的珍寶及出世間實相之寶，此二種財寶能令眾生出生福德。一手持金輪，象徵能轉動無上妙法以度眾生。在六觀音或七觀音之中，都有此尊，於六道中是度化天界眾生的觀音。

在《如意輪陀羅尼經》記載，往昔觀世音菩薩曾得到世尊的加持，而宣說如意輪陀羅尼。此一陀羅尼有大威神力，能滿足有情眾生的一切心願。

依經中記載，修持如意輪觀音法要，在世間的作用上，能成就一切所願，攝

如意輪觀音

化有情，富貴資財、勢力威德都得以成就。而在出世間的作用上，則是能具足福德慧解、資糧莊嚴，增長悲心，濟度有情，得到眾人愛敬。由於此一陀羅尼有這二大殊勝功能，因此，歷代以來甚受崇敬。自古以來，甚至在南海爪哇等國也有許多人崇敬供養。

以如意輪觀音爲財寶本尊來修持，可以祈求福德增長、意願滿足。此外，尚有以如意輪觀音所持的如意寶珠爲本尊的修法，此法是密教中深祕的法門。

⊙如意輪觀音的形像

如意輪觀音的形像，有很多種造型，大約有二臂、四臂、六臂、八臂、十臂、十二臂等多種，比較常見的是六臂像。

藏密造型的二臂如意輪觀音有七面，最上一尊爲阿彌陀佛。主面中白色，左紅色，右黃色。頭上結寶頂髻，長髮披肩。項掛三串珠寶瓔珞，著天衣，身金色，上身裸露。臂釧、腕釧具足。左手橫胯腰間，持一金法輪。右手側向揚起，執一柄寶珠棒。雙足立於蓮花月輪之上。

如意輪觀音

在《觀自在如意輪菩薩瑜伽法要》中記載：「六臂身金色，頂髻以寶莊嚴，冠坐自在王（彌陀），住於說法相。第一手思惟，愍念有情故。第二持（如）意寶，能滿一切願。第三持念珠，爲度傍生苦。左按光明山，成就無傾動。第二持蓮手，能淨諸非法。第三手持輪，能轉無上法。六臂廣博體，能遊於六道，以大悲方便，斷諸有情苦。」因此六臂的如意輪觀音，計有思惟手、持如意寶手、持念珠（右方三手），以及按光明山手、持蓮手、挈輪手（左方三手）。

另外，此尊的相好尚有多種，也有右第二手不持如意寶珠者。

以如意輪觀音爲本尊，爲福德增上，一切意願滿足，一切罪障消除，拔濟諸苦痛等動機所修之法，稱爲如意輪觀音法，或如意寶珠法。

種子字：（hrīḥ）

三昧耶形：如意寶珠

真言：

中咒

唵① 跛娜麼② 振多麼抳③ 入嚩攞④ 吽⑤

𑖌𑖼① 𑖢𑖟𑖿𑖦② 𑖓𑖰𑖡𑖿𑖝𑖯𑖦𑖜𑖰③ 𑖕𑖿𑖪𑖩④ 𑖮𑖳𑖽⑤

oṁ① padma② cintā-maṇi③ jvala④ hūṁ⑤

歸命① 蓮華② 如意寶珠③ 光明④ 吽（摧破之義）⑤

小咒一

唵① 縛羅娜② 跛納銘③ 吽④

𑖌𑖼① 𑖪𑖨𑖜② 𑖢𑖟𑖿𑖦𑖸③ 𑖮𑖳𑖽④

oṁ① varaṇa② padme③ hūṁ④

歸命① 與願② 蓮華③ 吽（摧破之義）④

小咒二

唵① 摩尼② 鉢頭迷③ 吽④

𑖌𑖼① 𑖦𑖜𑖰② 𑖢𑖟𑖿𑖦𑖸③ 𑖮𑖳𑖽④

oṁ① maṇi② padme③ hūṁ④

歸命① 寶珠② 蓮華③ 吽（摧破之義）④

千手觀音

【特德】 千手觀音大悲利他的方便無量廣大，因此能隨眾生所願，使種種珍寶、資具、財富增長，事業成功，乃至菩提成就。

千手觀音（梵名Avalokitesvara-sahasrabhuja-lo-cana），西藏名spyan-ras gzigs-dhaṅ-phyug phyag-stoṅ spyan-stoṅ是指具有千手、千眼，每一手掌各有一眼的觀音菩薩，全稱千手千眼觀自在；又稱千手千眼觀世音。

在《千光眼觀自在菩薩祕密法經》中說，大悲觀自在菩薩，具足百千手、百千眼，對眾生猶如世間父母對孩子一般，能滿足一切眾生心願。「千」，是代表無量、圓滿之義。也就是以「千手」來象徵觀音大悲利他的方便無量廣大，「千眼」象徵應物化導時，觀察根機的智慧圓滿無礙。正因此，千手觀音常做爲各種增益祈願修法的主尊，無論是祈求世間的財富，事業成功，或是出世間的修行成

千手觀音

就，菩提圓成，皆能願滿。

而在《千光眼觀自在菩薩秘密法經》中，更提到千手觀音的持物中，屬於增益法、寶部的持物有：如意珠，表隨心所願皆滿，若爲富饒種種珍寶資具者，特於如意珠手修持；弓，表仕途順利，事業成功；葡萄表五穀豐收等。

關於觀音菩薩具足千手千眼的因緣，根據《大悲心陀羅尼經》所描述，過去無量億劫有千光王靜住如來出世，因爲憫念一切眾生，所以宣說廣大圓滿無礙大悲心陀羅尼，觀世音菩薩一聞此咒，就從初地直超第八地菩薩境界，心得歡喜，所以發心全身生出千手千眼以利益安樂一切眾生的廣大誓願，並應時身上具足千手千眼。

⊙千手觀音的形像

千手觀音的形像，在各種經軌中所載並不相同：

1.十一面四十手

依《千光眼觀自在祕密法經》所說，其身是黃金色，於紅蓮華上半跏趺坐，

千手觀音

有十一面四十手。十一面中，當前三面作菩薩相，本面有三目，右邊三面作白牙向上相，左邊三面是忿怒相，當後一面爲暴笑相，頂上一面作如來相。

2.千臂千眼

依《攝無礙經》中所說，是身金色，千臂千眼，有五百面。

據《千眼千臂觀世音菩薩陀羅尼神咒經》卷上、《千手千眼觀世音菩薩姥陀羅尼身經》所說，是身作檀金色，一面千臂。《千手千眼觀世音菩薩姥陀羅尼身經》中另說，千臂中十八臂的印相持物。

另依《世尊聖者千眼千首千足千舌千臂觀自在菩提薩埵怛嚩廣大圓滿無礙大悲心陀羅尼》所說，爲千眼、千頭、千足、千舌、千臂之相。

3.二十七面千臂

現圖胎藏界曼荼羅中所說，則有二十七面千臂，結跏趺坐於寶蓮華上。千手中，有四十手（或四十二手）各持器杖，或作印相，其餘各手不持器杖。

其中，千手觀音的「十一面」代表滿足十地十波羅蜜的菩薩境界，而證得第十一地的妙覺位，與十一面觀音相同。「五百面」即相應於千臂千眼之意。

至於「二十七面」，經軌並未述及，似出自《祕藏記》。或以二十七面表示濟度二十五種存有眾生的二十五面，加上本面與本師阿彌陀佛共二十七面。或是說十波羅蜜中，前六度各開三種，後四度各開二種，合爲二十六面，再加本面而成二十七面。

有關「千臂」的說法，依據《千光眼觀自在菩薩祕密法經》所述，「千手」表示四十手各濟度二十五種存有眾生，即一種存有眾生配上四十手、四十眼，合爲千手千眼。

另外，也有人將四十手加上甘露手，而成爲四十一手；或加上中央的蓮華合掌及入定印，而成爲四十二臂。

在《千手千眼觀世音菩薩姥陀羅尼身經》則說有十八臂，經中說：「面有三眼，臂有千手，於千手掌各有一眼，首戴寶冠，冠有化佛。其正面大手有十八臂，先以二手掌心合掌，一手把金剛杵，一手把三戟叉，一手把梵夾，一手把寶印，一手把錫杖，一手掌寶珠，一手把寶輪，一手把開敷蓮華，一手把羂索，一手把楊枝，一手把數珠，一手把澡罐，一手施出甘露，一手施出種種寶雨，施之無畏，又以二手當臍，右押左仰掌，其餘九百八十二手，皆於手中各執種種器杖等，或單結手印。」

此外，千手觀音的四十手隨著眾生根機，相應於如來五部的五種法，能滿足一切願望，即是以四十手，來表示此尊的本誓。

根據《大悲心陀羅尼經》所記載，誦持千手觀音陀羅尼真言者，可免受飢餓死、惡獸殘害死等十五種惡死，而得眷屬和順、財食豐足等十五種善生，或療治各種疾病、蟲毒、難產、死產等。

種子字：（hrīḥ）

三昧耶形：開敷蓮華

印　　相：九山八海，二手作金剛合掌，手背稍曲相離，二中指相合，二拇指、二小指分開豎直。

真　　言：唵　嚩日羅　達摩　紇哩

oṃ vajra dharma hrīḥ

長

咒：千手千眼無礙大悲心陀羅尼（請參閱佛教小百科9：《佛教的真言咒語》第二六五頁）

除蓋障菩薩

【特德】 除蓋障菩薩以清淨菩提心之因，照明一切諸法，得證除蓋障三昧，成就八萬四千之寶聚門。

除蓋障菩薩（梵名 Sarvanivaraṇaviṣkambhin），梵名音譯作薩嚩尼嚩囉拏尾娑迦毗，西藏語 sgrib-pa-tham-cad-rnam-sel-gtso 又稱爲降伏一切障礙菩薩、棄諸陰蓋菩薩，爲胎藏界曼荼羅除蓋障院之主尊。

除蓋障乃是消除一切五陰煩惱覆蓋的意思，是稱讚此菩薩所得之三昧。在《大日經疏》中說，除蓋障菩薩以清淨菩提心之因，照明一切諸法，因爲此功德，少用功力，得證除蓋障三昧，徹見八萬四千煩惱之實相，成就八萬四千之寶聚門。

⊙除蓋障菩薩的形像

菩薩左手持蓮華，華上有如意珠，右手結無畏印；表示以菩提心中之如意珠，施予一切眾生，滿足其心所願。

種子字：（āḥ）

三昧耶形：蓮上寶珠或寶幢

印　相：除蓋障印

真　言：南麼　三曼多勃馱喃　阿　薩埵係多毗庾蘖多　怛嚂　怛嚂　嚂
嚂　莎訶

namaḥ samanta-buddhānāṃ āḥ sattva-hitābhyudgata trāṃ
trāṃ raṃ raṃ svāhā

除蓋障菩薩

藏密除蓋障菩薩

準提觀音

【特德】 準提觀音能守護眾生離於一切災障，得以增財、增祿、長壽。

準提觀音，（梵名Cundī）又稱爲尊那佛母、准提佛母、佛母準提、七俱胝佛母。爲六觀音，七觀音之一。於密教胎藏界曼荼羅，此尊位於遍知院之最左端，密號最勝金剛。

以此尊爲本尊之修法，稱爲准提法、准提獨部法，是爲除災、祈求聰明、治病等所修之法。在《白寶口抄》卷六十一中說，準提之增益法如下：「若人總無福祿宦位，但於二七日中，至心念誦，隨有緣部加功依法即得福祿宦位，隨意所樂。又云：若復有人無福無相，求宮不遷，貧苦所逼，每十齋日常誦此呪，能令現世得轉王位，所求宮宦先當稱遂。

又云：短命者增壽無量，求官者現世得轉王位，凡所求願無不稱遂。又云：若知地中有寶藏物，結印誦呪，具滿七遍，地中伏藏自然踊出，隨意所須，皆得充足。」

根據《七俱胝佛母准提大明陀羅尼經》等所記載，誠心誦持準提陀羅尼，則能得光明燭照，所有罪障悉皆消滅，壽命延長，福德智慧增長，財寶充盈，並得諸佛菩薩之療護，生生世世離諸惡趣，速證無上菩提。

⊙準提佛母的形像

根據《七俱胝佛母所說準提陀羅尼經》記載，準提佛母身呈黃白色，結跏趺坐於蓮花上，身佩圓光，著輕縠，上下皆爲白色，有天衣、角絡、瓔珞、頭冠，十八臂皆著螺釧，面有三目，上二手作說法相，右第二手作施無畏，第三手執劍，第四手持寶鬘，第五手掌上置俱緣果，第六手持鉞斧，第七手執鉤，第八手執金剛杵，第九手持念珠；左第二手執如意寶幢，第三手持開敷紅蓮花，第四手軍持，第五手羂索，第六手持輪，第七手商佉，第八手賢瓶，第九手掌上置般若梵篋。

而西藏之準提觀音爲四臂像，結跏趺坐於蓮花上，左右之第一手安於膝上持鉢，右第二手下垂作施無畏印，左第二手屈於胸前，執蓮花，花上安置一梵篋。

而錫蘭所流傳之準提佛母銅像爲四臂像，頂上奉戴定印之化佛，左第一手安於臍前，第二手持寶珠；右第一手執獨鈷杵，第二手上舉，拇指與無名指相捻。乳房豐滿露出，表佛母之相。

此外，準提觀音另有十四臂、六臂等像。

種子字：（bu）

三昧耶形：賢瓶或甲冑、五鈷杵、蓮花、商佉。

印相：蓮華合掌

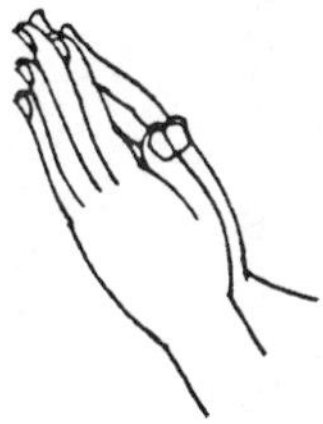

真言：

根本真言

南無① 颯哆喃三藐三勃陀俱胝南② 怛姪他③ 唵④ 折隸⑤ 主隸⑥ 准提⑦ 莎訶⑧

namaḥ① saptānaṃ-samyaksambuddha-koṭīnāṃ② tadyatā③ oṃ④ cale⑤ cule⑥ śundhe⑦ svāhā⑧

歸命① 七千萬正等覺② 即說③ 唵④ 覺動⑤ 起昇⑥ 清淨⑦ 成就⑧

第二根本印

唵① 迦麼黎② 尾麼黎③ 准泥④ 娑嚩賀⑤

oṃ① kamale② vīmale③ śundhe④ svāhā⑤

歸命① 蓮華② 無垢③ 清淨④ 成就⑤

豐財菩薩

【特德】 豐財菩薩能自在施予祈求者福德、資財與智慧。

豐財菩薩（梵名Bhogavatī），意爲福德、尊貴，又作資財主菩薩。

位於密教胎藏曼荼羅觀音院中，密號爲如意金剛。豐財菩薩之福德智慧資財豐饒，能自在施與祈求者，使一切眾生具足豐富資財，所以稱豐財菩薩。

於《大日經疏》第十六中言此菩薩：「明妃資財主，是能自在施與求者也。」又《胎藏界曼荼羅尊位現圖抄私》卷第二中提到：「此尊施福智二門主故，被豐財之稱。」又說：「彌陀表報身，觀音表智，勢至表福，三尊一體，福慧自在，又福聚海無量，又是二人福正等無異。」又說：「因福智圓滿，所以此尊名豐財。」其中又有關於此尊菩薩持物的特德：右手持開敷蓮花象徵佛果智慧故表財

豐財菩薩

；左手持未敷蓮花，象徵眾生心地含佛種故，宜豐，花的二莖表福智二德，舉於肩上，表示施與法界。

菩薩身呈白肉色，左手持二蓮華，其中一花已開，一花未綻放，右手屈舉於肩旁，仰掌，屈無名指及小指，結跏趺坐於赤蓮花上。

種子字：ᛋ（sa）

三昧耶形：二蓮花，一者已開、一者未開

印　相：蓮華合掌

真　言：⑴唵　阿利也　陀羅阿利　莎賀

oṃ　ārya　dharāri　svāhā

⑵唵　阿利也補伽縛底　莎賀

oṃ　āryabhogavati　svāhā

寶手菩薩

【特德】寶手菩薩能滿足世間的成就，宛如如意寶珠，能滿一切願。

寶手菩薩（梵名Ratna-pāṇi）梵音譯音爲囉怛曩播抳，西藏語爲rin chen lag，又稱寶掌菩薩，密號滿足金剛。

寶手菩薩以清淨菩提心之如意寶珠，成就滿足世間及出世間的悉地，宛如如意珠在手，能滿足一切所願，所以稱爲寶手菩薩。

寶手菩薩位於密教胎藏界曼荼羅地藏院中，九尊中的第六位。其形像乃左手按腰持蓮花，花上有三股金剛杵，杵上並有寶珠焰鬘，右手舒掌托寶珠當胸，半跏趺坐於赤蓮花上。

種子字：（ṣaṃ）

寶手菩薩

三昧耶形：寶上三鈷杵

印　相：寶手菩薩印

真　言：南麼　三曼多勃陀喃　羅怛怒　嗢婆縛　莎訶

namaḥ　samanta-buddhānāṃ　ratnodbhava　svāhā

寶冠菩薩

【特德】 寶冠菩薩象徵文殊菩薩的福德財寶、智慧二種莊嚴，能饒益一切眾生，使其圓滿具足福德財寶及智慧。

寶冠菩薩（梵名 Ratnakūta 或 Ratna-makuṭa），音譯羅怛那摩勾吒，又作寶冠童子、寶冠童子菩薩，密號爲莊嚴金剛。

此尊位於密教胎藏界曼荼羅文殊院中，「寶冠」意爲莊嚴，主要在彰顯文殊菩薩福德智慧莊嚴的特德，能饒益一切眾生，使其具足福德、智慧的莊嚴。

其身相呈黃色，右手仰掌當胸，手持三瓣寶珠；左手對開而持青蓮花，花上有寶冠，於赤蓮花座上結半跏趺坐。

種子字：（ka）

三昧耶形：寶珠，或青蓮花上寶冠

寶冠菩薩

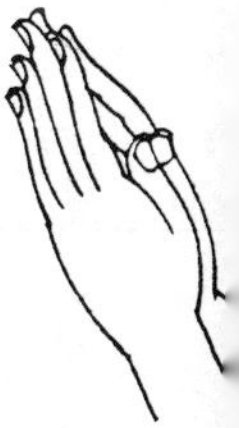

印相：蓮華合掌

真言：南麼　三曼多勃馱喃　薩婆他微麼底微枳囉儜達麼馱啫喤闍多

參　參　訶　莎訶

namaḥ samanta-buddhānāṃ sarvathā-vimati-vikirnaṇa-

dharma-dhātu-nirjāta saṃ saṃ ha svāhā

寶波羅蜜菩薩

【特德】寶波羅蜜菩薩，能使一切福德積聚於虛空，使眾生獲得世間及出世間之財寶，具足圓滿福德。

寶波羅蜜菩薩（梵名 Ratna-pāramitā），梵名音譯爲羅怛那波羅蜜多，西藏名爲 rin-chen-kyi rdo rje 意譯作寶到彼岸；密號爲平等金剛或大寶金剛。

此尊是密教金剛界三十七尊主要的本尊之一，四波羅蜜菩薩之一。爲大日如來四親近菩薩中的第二位。位列金剛界曼荼羅成身會等的中央月輪，居於大日如來的南方。

根據《大教王經》卷二記載，此菩薩爲寶生如來入於寶波羅蜜三昧，爲了供養毗盧遮那如來，而流出寶波羅蜜菩薩。

此尊菩薩將一切福德，集聚舒遍於虛空界，照了真如智慧，而能令眾生得證

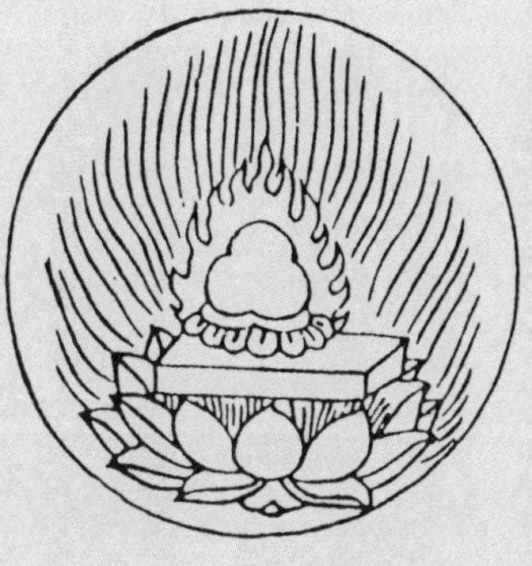

三昧耶會

成身會

供養會

微細會

寶波羅蜜菩薩

菩提，使一切眾生獲得世間及出世間之財寶，具足福德，究竟圓滿。

在《金剛頂瑜伽三十七尊出生義》中說，此菩薩是毗盧遮那佛於內心證得虛空寶大摩尼功德三摩地智慧，因爲自受用的緣故，從虛空寶大摩尼功德三摩地的智慧中，流出虛空寶光明，遍照十方世界，令一切眾生功德圓滿，還來收爲一體。爲了令一切菩薩受用三摩地智慧的緣故，化現爲金剛寶波羅蜜菩薩，安住毗盧遮那如來右邊的月輪。

由於寶波羅蜜菩薩加持的緣故，能使行者於無邊眾生世間及無邊器世間，證得平等性智。

此尊形像、印契等，在金剛界曼荼羅諸會中各各不同。於成身會中，形像爲全身呈白黃色，作天女形，著羯磨衣，左手屈肘蓮花，花上有寶珠，右手仰掌持金輪，於蓮花上結跏趺坐，印契用寶生佛之施願印。

【成身會】

種子字：（trāḥ）

三昧耶形：三瓣寶珠

印　相：左手作拳安臍，右手舒舉臂作與願印。

真　言：唵　囉怛曩嚩日哩　怛咯

oṃ ratna-vajri trāḥ

【三昧耶會】

三昧耶形：三瓣寶珠

印　相：外縛，屈二中指，指端相接，成寶形。

真　言：嚩日囉嬌哩　怛咯

vajra-gaurīḥ trāḥ

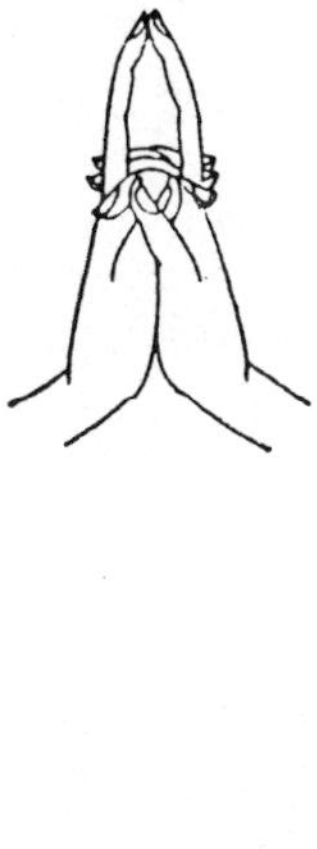

【微細會】

尊　形：左手持蓮華，上有三瓣寶珠，右手結與願印。

【供養會】

尊　形：兩手合持蓮華，上有三瓣寶珠。

真　言：囉怛曩嚩日哩　怛咯

ratna-vajri　trāḥ

【四印會】

三昧耶形：蓮華上三瓣寶珠

【降三世會】

尊　形：左手持蓮華，上有三瓣寶珠，右手結與願印。

【降三世三昧耶會】

種子字：（mbha）

三昧耶形：蓮華上法輪

持世菩薩

持世菩薩能雨下無量財寶，住持世間安穩豐饒，因此名為持世，誦持其真言「雨寶陀羅尼」，更能獲致無量財寶，積聚如山高。

【特德】

持世菩薩（梵名 Vasudhārah），西藏語作 nor-gyirgyun，即雨寶之義。在《白寶口抄》中說，持世者，有眾生一切災禍、疾病者，悉皆消滅之。爲貧匱者，即雨一切種種珍寶、穀麥等，受諸快樂，安穩豐饒；能護持世間，故名持世菩薩也。又云，能持財寶，滿世人願，故云持世也。此法爲求福修之，同雨寶陀羅尼法。或云：持世菩薩者，寶生如來化身也。

由此可知此尊能雨種種珍寶，賜予一切眾生富饒安樂，主增益法。

關於持世菩薩的故事，出自於《持世陀羅尼經》、《雨寶陀羅尼經》等諸經中，據經典所載：

往昔釋迦牟尼佛，在憍餉彌國之建礫迦林說法時，該國有一位妙月長者來祈求世尊宣說財寶豐盈之法。

雖然世尊了知妙月的問法因緣，但為了使與會大眾也都能了知，所以世尊就問：「妙月長者，你為何要請這個法呢？」

這時長者稟告佛陀：「世尊！我等在家人，有諸多眷屬，如果資財缺乏短少，生活本就難以周濟，如果再因各種疾病，導致家中有人生病，情況就更糟，如果沒有充足的財寶，心中就會時常擔憂恐懼，因而請世尊開示方便妙法，使貧賤者能獲得大財位，周遍供給親屬，廣大修持福惠布施，饒益一切有情，使庫藏無盡，使有疾病者四大健康調和，勤修善業，身心無有疲倦，使有罪者速得除滅眾罪，命終之後生於善趣。令危險恐懼者身心安樂，親近供養佛、法、僧三寶，速證無上正等菩提。」

這時世尊告訴妙月長者：「善男子啊！我在過去無數劫前，值遇金剛海音如來，為了要利樂一切有情的緣故，而宣說陀羅尼名為持世陀羅尼，我當時聞已，歡喜踴躍，便受持讀誦廣為他人宣說，利益安樂無量有情。由於這個因緣的緣故，福慧增長，速證無上正等菩提，爲一切天人宣說微妙法要。現今爲你宣說此陀羅尼，一切天人等皆應諦聽。聽聞之後更應受持，廣爲他人宣說。此神呪之威力不可思議，能令一切有情獲得利益安樂。」

於是世尊便爲妙月長老等大眾宣說持世陀羅尼，利樂一切有情。

據經中所述，此持世陀羅尼（或名雨寶陀羅尼）具有廣大神力，如果有善男子、善女人，至心受持，廣爲他人宣說，那麼一切惡鬼神、人、非人等，皆不能害之。而一切諸利樂有情之事則不論晝夜時時增長。如果能至誠供養三寶，念誦如是大陀羅尼，經過七晝夜時無有暫闕，如此則一切諸天龍神皆生歡喜，雨下所需之財寶穀物，一切飢饉疫癘皆悉消除，所有罪障無不殄滅，一切危懼並得安寧，福慧日漸增長，所求如意，速證無上正覺菩提。

在經中還提到，妙月長者一聽聞釋尊宣說此大陀羅尼，便深生信心歡喜受持讀誦，願爲無量有情宣說。而妙月長者也因此福德力，使其諸庫藏皆盈滿種種財穀。由此可知此陀羅尼的廣大福德力用。

此外，在施護所譯《聖持世陀羅尼經》中尚記載有：「若復有人於夜半內，志心誦持（持世）菩薩名號，依法護淨，一七日內獲大財喜成就具足。」或如「若復有人求諸所願，於自所止向東北隅，起聖持世菩薩形像，……依法誦持此陀羅尼，一切所願，悉皆滿足，財物增長，獲福無量。」等等的財寶滿願法。

而密教依《雨寶陀羅尼經》爲基礎立持世菩薩或寶生如來爲本尊，所修祈福之法，稱「雨寶陀羅尼法」。

持世菩薩身呈深綠色，全身光鮮潔淨，以無量瓔珞珍寶莊嚴其身，光明如日，右手持果實，左手結施無畏印，安坐於蓮華座。另《別尊雜記》卷二十八記載其曼荼羅畫法：「持世菩薩色青黃，現微笑容，右手執頗羅菓，左手施無畏，頭冠、鐶釧種種莊嚴，結跏趺坐，形如梵天。其蓮花座下有二龍王，其形作人身，頭上有龍蛇頭，頂上帶寶珠，以兩手捧七寶箱，一龍王執寶瓶，半身作水中。右邊有大勝天，一手執蓮花，一手如招行者勢，其像上兩邊有二天仙，雨七寶滿空中，乃至無量眷屬恭敬圍繞。」

總之，若有依法虔敬供養持世菩薩、修持持世菩薩法及受持世陀羅尼者，皆能消除貧窮、財寶豐盈，時時安穩豐饒。

種子字：𑖟（da），施與不可得也，施與種種珍寶於眾生義也。

三昧耶形：吉祥菓（或作頗羅菓，以柘榴者子滿中，是增益義，兼以其體似寶珠也）

印相：其根本印爲以無名指捻大指上節，又以大指押無名指甲上，兩手亦然，相合腕。兩小指叉博著中指中節背，二中指頭相柱。並二大指，二食指直豎即是。此印乃是一切諸佛同共宣說，若結印並誦大呪、心呪等，如法誦持，一切願滿所求之者，皆得成就。

真言：

呾姪他　蘇魯閉　跋達邏筏底　蕒揭麗　頞折麗　頞摺鉢麗　喝伽哳尼　喝鞞達尼　薩寫罰底　馱娜罰底　達那罰底　室利沫底　鉢拉婆罰底　罯沫麗　毗沫麗　魯盧蘇　縷波毗沫麗　頞捺捺悉諦　毗呾悉諦　毗濕縛繫　始独矩麗　茫矩麗　毗毗謎　杜杜謎　呾呾麗　呾洛呾洛　罰折麗罰折麗　羯蘇羯蘇罰栗殺尼　呢溢波達尼　罰折洛達洛　呾他揭多薩點　娑揭洛　呢懼衫　呾他揭眈頞　奴颯沫洛　颯沫洛達磨薩點颯沫洛　僧伽薩點颯沫洛呾吒呾吒　譜洛譜洛　譜剌耶

跛洛跛洛　尼蘇曹揭麗　扇多沫底　曹揭羅罰底　蘇跛達洛罰底　阿揭車阿揭車　三沫閻阿奴颯沫洛莎訶　阿罰制喃　頞奴颯沫洛莎呵　鉢剌婆凡頞奴颯沫洛莎訶　經栗砧　頞奴颯沫洛莎訶　毗折閻　頞奴颯沫洛莎訶　薩縛薩埵毗捺閻頞奴颯沫莎呵

根本咒

唵①　筏素②　馱梨③　娑縛賀④

𑖌𑖼①　𑖪𑖭𑖲②　𑖠𑖨𑖸③　𑖭𑖿𑖪𑖯𑖮𑖯④

oṃ①　vasu②　dhare③　svāhā④

歸命①　世寶②　持③　成就④

心咒

唵①　室哩②　筏素③　娑縛賀④

𑖌𑖼①　𑖫𑖿𑖨𑖱②　𑖪𑖭𑖲③　𑖭𑖿𑖪𑖯𑖮𑖯④

oṃ①　śrī②　vasu③　svāhā④

歸命①　吉祥②　世寶③　成就④

蓮師財神

【特德】

修習蓮師財神法可得一切心想之成就，事業順利、財源廣進，宛如獲得摩尼寶珠一般，所願皆滿，相應迅速。

蓮花生大士（梵名 Padma-sambhava，西藏名爲 Padma-ḥbyuṅ-gnas, Rin-po-che），爲西藏密教之開祖，約八世紀頃北印度烏仗那國（今巴基斯坦境內）人。初住那爛陀寺，於唐玄宗天寶六年（七四七），應西藏王赤松德贊王之請，與寂護（梵Śanta-rakṣita）、蓮華戒（梵Ka malaśīla）二大士一同入藏。藏王並爲其於拉薩東南方建立桑耶寺，經十數年乃成。蓮花生大士於西藏弘揚密法，翻譯經咒，又示現種種神變奇蹟，降伏鬼神妖怪等，爲藏人所歸向。

蓮花生大士所傳的密教，相對於宗喀巴之黃教（新派），而稱爲紅教（古派密教），即無上密乘，其二十五弟子，從事梵漢佛典之譯述，編成西藏大藏經甘珠爾。

蓮花生大士爲了消除眾生災難貧窮，化現蓮師財神。將蓮師財神法傳授于佛母依喜措嘉和其眷屬，在西藏接受蓮師財神灌頂，修持蓮師祈請成就者無數，得一切心想之成就，事業順利財源廣進，相應迅速，受法者可得本尊財富和長壽的加持，令牲畜繁盛、衣食具足、獲大福利、一切所求無不如願滿足，宛如獲得如意摩尼寶珠一般，所願皆滿。

⊙蓮花生大士入西藏教化的故事

當初蓮花生大士預知調伏教化雪域西藏的時節已經到來，爲了自身的廣大誓願，他來到尼泊爾瑪克湖畔，接見來自西藏七名國王的信使，他們攜帶著國王的信札與禮物，經過芒域的地方，來到了蓮花生大士之前。

他們向蓮花生大士說道：「佛教的法雨普注，是每一個人都歡欣喜悅的，我們尋尋覓覓找到了偉大殊勝的大師，現在心中已經安住在吉祥善喜的境界當中。希望您能夠教化眾生，使每一個人都能夠信仰佛法。現在就向您獻上最殊勝的心意供養。」接著他們就把國王的信件與砂金奉獻給蓮花生大士。

蓮花生大士命這七位使者先回到桑耶去，自身就以神通力，如鳥飛空一般，飛上了天際，最後降臨在芒域貢塘，並在這裏住了三個月。

蓮花生大士在貢塘時間，西藏的赤松德贊王又派遣了三個使者前來，這次帶了更多的黃金前來迎請蓮花生大士。他們爲了趕快迎接蓮花生大士前往拉薩，所以晝夜不停的趕著路程，而所有的護法神們，也紛紛的勸請蓮花生大士趕快起程，但是蓮花生大士卻十分安祥的，不爲所動。

三位使者一路上兼程趕路，所以來到蓮花生大士面前時，神情顯得十分疲憊，他們向蓮花生大士請求道：「蓮花生大士，請您趕快到西藏的都城會見我們的大王吧！」

此時蓮花生大士爲了示現如幻的緣起，使大眾尊重法的緣故，就問道：「請問你們幾位是誰啊?為什麼那麼著急的來看我？」

這幾位使者回答：「大士啊！我們是西藏赤松德贊王派遣來的使者，是要迎請導師進入西藏的，現在謹向導師獻上砂金一升，希望導師能夠歡喜。」

當蓮花生大士接受了這些砂金之後，忽然之間，又把所有的砂金朝向天上灑去，然後大聲的說道：「這就是餓鬼家鄉國王的禮品嗎？這就是窮鄉僻壤的大王的禮品嗎？」

蓮花生大士灑出砂金的時候，這些砂金不只沒有飄落，反而向天空飄灑飛去，愈飛愈高，飄向了芒域與尼泊爾的方向。這時整個天空都是一片金光晃耀，十分的壯觀與不可思議。蓮花生大士這神變威力與視金如土的行徑，讓三位使者又讚嘆，但卻又感覺到有點的可惜。

蓮花生大士就對他們說：「三位使者，你們不用惋惜啊！這一切都是如夢幻泡影的，而砂土與黃金又有什麼差別呢？你們現在就把自己的衣襟前後都打開吧！」

這三位使者聽了十分茫然，但還是照著蓮花生大士的指示，將自己的衣襟前後都打開。接著蓮花生大士又叫他們將泥土和砂全部倒進去。他們聽了之後，只好滿臉苦色的把砂和泥土倒滿了衣襟的前後。最後蓮花生大士又叫他們把衣襟掀開來看，結果剛剛所倒進的土和砂，都全部變成了金、銀、松耳石等種種的珍寶。

三位使者看到這種神變，驚嚇得趕緊跪倒在地，向上師頂禮，他們對蓮花生大士生起最殊勝的金剛不壞信心。他們從此之後，到處向人宣說大士不重視一切的珍寶，棄金如土的情懷，以及不可思議的神通變化，使大家敬仰不已。

真　言：嗡阿吽　班雜古魯　念納托天乍　沙爾瓦　悉地帕拉吽

ཨོཾ་ཨཱཿཧཱུྃ་བཛྲ་གུ་རུ་ཉ་ན་ཐོད་ཕྲེང་ཙལ་ས་ར་བ་སིདྡྷི་ཕ་ལ་ཧཱུྃ།

綠度母

【特德】綠度母能增長福德、成就一切富貴吉祥之事，使行者安祥住福田，豐財自在，凡有求財寶者皆能隨願圓滿。

度母（梵名 Tārā），全稱爲聖救度母，爲觀世音菩薩的化身，是密教觀音部的佛母，又稱爲聖多羅菩薩、多羅尊、多羅尊觀音、多羅觀世音、綠度母、救度母、聖救度佛母。意譯作眼、極度、救度，所以略稱爲「度母」。共有二十一尊，稱爲二十一度母，皆爲觀世音菩薩的化身；綠度母即二十一度母之主尊。

依據《大方廣曼殊室利經》〈觀自在菩薩授記品〉中所記載，觀自在菩薩安住普光明多羅三昧時，以三昧力，自眼中放出大光明，多羅菩薩即從光明中化生，爲妙齡少女形，以清涼光明普照眾生，憐憫眾生猶如慈母，誓願度一切眾生脫離生死苦海。

綠度母

綠度母

修持綠度母法，能斷除生死輪迴，消除一切魔障、業障、病苦等，並能消災、增福、延壽、廣開智慧，凡有所求，無不如願成就。

在《聖多羅菩薩一百八名陀羅尼經》中記載：若行者能發至誠心持念此一百八名及陀羅尼，一遍、七遍乃至二十七遍，且念誦時不闕文句，是人一切富貴吉祥之事及成就法，隨願獲得永無障礙。另於《讚揚聖德多羅菩薩一百八名經》也提到如果有如法受持多羅菩薩一百八名，將可「福增名稱廣、資財多吉祥、安祥住福田、豐財兼自在。」而在《救度佛母二十一種禮讚經》中亦有「求財寶位獲富饒，善能圓滿隨意願」之敍述。

此尊現少女相，全身綠色，一面二臂，現慈悲相。頭戴五佛寶冠，身佩各種珠寶，著各色天衣，下身重裙，以示莊嚴；坐菩薩座於蓮花月輪上，右足呈踢踏狀，左足蹺屈。右手向外置於右膝上，作施願印，持烏巴拉花，左手置於胸前，亦持烏巴拉花。

根本十字真言：

梵　音：唵　多哩　咄多哩　都哩　莎訶

藏音：嗡 達列都達列 都列 梭哈

ཨོཾ་ཏཱ་རེ་ཏུཏྟཱ་རེ་ཏུ་རེ་སྭཱ་ཧཱ།

如意度母

【特德】 修持如意度母，能如摩尼寶珠，事事如意，所求願滿。

如意度母爲廿一度母之一，本尊身呈綠黃色。右手施無畏印、左手持花。花上有如意結。

持誦如意度母的咒語，能如摩尼寶珠，事事如意。隨願祈求，無有不成就者。如果有求子嗣者，修學如意度母法，尤爲靈驗。

真言：嗡 達列 都達列 都列 薩爾瓦 阿爾他 悉地 悉地 咕嚕 梭哈

༄ ཨོཾ་ཏཱ་རེ་ཏུཏྟཱ་རེ་ཏུ་རེ་སརྦ་ཨརྠ་སིདྡྷི་སིདྡྷི་ཀུ་རུ་སྭཱ་ཧཱ།

如意度母

增福慧度母

【特德】 可獲致財富、威權、福德、智慧及神通。

增福慧度母爲廿一度母之一，身呈黃色。相貌威猛，右手執如意寶珠，左手持寶珠柄的鐵鉤。

誠心修持增福慧度母法，或持誦心咒，可獲致財富、威權、福德、智慧、及神通。

真　言：嗡　列那　達列　薩爾瓦　洛噶家納　比呀　達喇　達喇　滴哩　滴哩　幸幸雜　家納　布京　咕嚕　嗡

༄། ཨོཾ་ནྲྀ་ཏཱ་རེ་སརྦ་ལོ་ཀ་ཛྙཱ་ན་པྲི་ཡ་དྷ་ར་དྷ་ར་

增福慧度母

寶源度母

【特德】修持寶源度母，能滿足一切財寶，免除窮苦，以及一切經濟壓迫。

寶源度母爲廿一度母之一，本尊身呈黃色。右手施無畏印，左手持花。花上有寶瓶，滿盛珠寶，無窮無盡。

持誦寶源度母咒，能具足一切財寶，免除窮苦，以及一切經濟壓迫。

真　言：嗡　達列　都達列　都列　站木別莫嘿　達納　美滴　啥以　梭哈

ཨོཾ་ཏཱ་རེ་ཏུཏྟཱ་རེ་ཏུ་རེ་ཛམྦྷེ་མོ་ཧེ་དྷ་ན་མེ་དྷི་ཧྲཱི་སྭཱ་ཧཱ།

寶源度母

財寶天母

【特德】 財寶天母是一位尊貴，而且能令眾生財富資糧豐足，具足幸運的女姓本尊。

財寶天母爲藏密的財寶尊之一。

傳說在佛陀時代，於柯沙比林中，一位施主來到佛陀面前，請示佛陀如何去除疾病、窮困，佛陀於是慈悲的傳授其此本尊咒語，並開示持誦之功德利益。財寶天母的藏名音譯爲諾給瑪，其本質爲度母所化現，而外貌轉換成一財神佛母的身像，意即財寶繁盛之母。

凡是持誦此本尊咒語，或修持此法，此生皆可迅速成就世間事業，財富具足繁盛，體健長壽，事事幸運吉祥順利，並可遠離意外災難、疾病等。

若能正確如法修持，必可獲得本尊殊勝廣大加持，以及無窮無盡的受益。

財寶天母

真言：瑪瑪 巴蘇 答列 梭哈

༄། །མམ་བསུ་དྷཱ་རེ་སྭཱ་ཧཱ།

財源天母

【特德】財源天母為藏傳佛教的財寶本尊之一，專司世間的財富，為五路財神的明妃，能為眾生帶來種種財富與珍寶。

財源天母爲西藏財寶本尊之一，梵名音譯爲「巴素達喇」，藏名音譯爲「諾車瑪」，屬於密咒部作密與瑜伽密續佛部尊。

根據本續所記載：於過去當迦葉佛在世時，此天母以布施功德，生於三十三天。若能誠心供養之，則能爲行者帶來財富與種種珍寶。財源天母於釋迦佛在世時，從水中出生，名爲「甘登拉摩」，即是恆河天女，示現化爲廿一度母之一。

財源天母依據不同的傳承，有化現一面二臂或一面三眼六臂；也有與財神現雙運等相。其身金黃色，以種種珍寶瓔珞作爲莊嚴，以如意坐，安住於蓮花月輪上。右手爲勝施妙印，或持能滿足一切心願之果；左手持果穗或布施印。

財源天母

財源天母之本願，爲滿足一切眾生所願，其手結布施印，象徵以財施、法施、無畏施，勤行「布施波羅蜜」，若有供養、禮拜、依止、並修法持咒，財源佛母必能滿足其任何心願，使其資財豐饒，不虞匱乏。

如果能以財源天母的本願爲學習對象，在獲天母加持之後，以所獲之資財，行於布施波羅蜜，並體證施者、受者、所施之物三輪體性空寂之義，必定更能與財源天母相應成就。

真　言：

短咒

唵　巴素　達列　梭哈

隨心咒

唵　拉恰瑪　布大瑪尼　拔西尼耶　梭哈

ཨོཾ་ཤྲཱི་ཡཱ་ད་ས་ཤི་བ་ཤི་ཎི་ལ་སྭཱ་ཧཱ།

長咒

嗡 拔書 達利尼 切借 梭哈

ཨོཾ་བ་སུ་དྷཱ་རི་ཎི་ཙེ་ཙ་སྭཱ་ཧཱ།

黃色財續母

【特德】黃色財續母是能賜予世人財寶成就的佛母，她不但能使眾生具足出世間的法財，更能具足世間財富。

在藏密中認爲：種性高貴、形色端正、長壽、無病、人緣佳、財勢富足、智慧廣大等，是人天上種姓之七種財富。這人天七財又稱人天七德，是一切人天法門的順緣。在佛法的修行中，要具足六波羅，其中布施波羅蜜是世間及出世間資糧中，最基本且重要的修持。除了要具足此六波蜜外，同時也要圓滿具備布施、愛語、利行、同事等菩薩的四攝行，而具足財富資糧能成爲此修行的助緣。

在藏密事部、行部、瑜伽部、無上瑜伽部等密教的四續中，有諸多供養財神的修持法，其中在最終要成就佛果的密乘中講述，財續母是四續壇城中示現的主尊。這種修持法屬空行金剛帳修法，而財續佛母是四續密乘中最主要的賜財佛母。

黃色財續母

所謂「賜財」，不只是成佛的法財，也能使行者具足世間的財富。因此，財續母是金剛密乘中賜予成佛財寶成就的佛母，故稱其爲施財佛母或財續母。

⊙黃色財續母的形像

財續母身黃色，一面兩臂，右手施勝印，左手持盛滿禾穗及財寶的寶瓶。身穿藍袖上衣、白色坎肩及各色綢裙，以寶物爲飾。雙足以金剛跏趺坐於蓮花月輪寶座之上。

財續母面容和善，施予行者圓滿吉祥之財，右手施勝印表賜予財寶成就，左手持寶瓶表示佈施興盛富足之成佛財慧。財續母之身表財流之佛母，語表疏流甘露之佛法，意表消除一切罪惡照明無上功德光明。

修持此佛母法，能斷除修行者的一切懶散、障礙及雜亂之心，可增長戒定慧所攝之功德及一切慧財之福，能獲得興隆佛法之財富，並能斷除眾生煩惱及習氣，入於無上圓滿佛道。

貞惠天母

【特德】 貞惠天母是雪山五長壽女之一，位於南方，象徵五方佛之南方寶部，能賜予一切眾生無盡財寶。

貞惠天母是屬於藏密的財寶尊之一。貞惠天母爲雪山五長壽女之一。而雪山五長壽女的故鄉，就在美麗的珠穆朗瑪雪山的山腳下。這裡有五座冰雪的湖泊，常映現著不同的奇幻顏色，就如同五長壽女的身色。另外也有說此五長壽女居住在拉几康雪山。

雪山五長壽女神，以中央吉祥長壽佛母爲首。她的身相潔白，臉頰上泛著淡淡的紅色，年輕而美麗。她的右手持著希望之珠，左手持著一枝占卜的神箭，箭尾繫有一個用白海螺所做成的骰子和一面鏡子。骰子象徵著三界的吉祥。她身穿白色的絲衣、孔雀羽毛所製成的斗篷，頭戴著絲頭巾。（或另有說其身相爲白色，右手持金剛杵，左手持寶瓶，騎白色雪山獅。）

長壽天母的前面是女神翠顏天母，雙手各持著占卜魔鏡；右邊是女神貞惠天母，手持裝滿寶石的財寶盤；後邊的是女神冠詠天母，穿著一件孔雀羽毛斗篷，托著一個裝滿珍寶的平盤；左邊是女神施仁天母，手持盛滿鮮奶的長把勺。這五位吉祥五長壽女神的身姿都做舞蹈狀。身穿白絲衣，身上裝飾著珍貴的寶石。手中都揮舞著一枝占卜神箭。（以上尊形由於不同的傳承，所示現的因緣也會有異）

相傳，雪山五長壽女神在卡熱桑瓦洞中，遇到了蓮花生大士，她們想以廣大的神通力量壓伏蓮師，於是發動了十八種天魔、丹瑪女神、山神與無邊的鬼神眾，卻都無法撼動蓮花生大士。最後她們幻化出最可怖的形貌與神力，還是被蓮花生大士以神力手印壓伏於掌下。

雪山五長壽女迫不得已，將名號與命根精要心咒供養蓮師，並立下三昧耶誓願，永遠服從蓮師的教化。蓮花生大士爲她們開示了因果報應之理，並囑咐她們永遠守護佛法。

南方貞惠天母，其身相金黃（代表南方寶部），一面二臂，右手持吐寶獸，左手持盛滿寶物的金盤（或有作右手持寶盤，盛著穀類等資糧，左手結施願印），騎著威猛的老虎在大寶妙雲五色光中顯現，遊行於天空雲彩中利益著眾生。其一面表示空性性，二臂表示智悲雙運，右手持吐寶鼠表示召引一切情器世界之富源，左手持盛滿寶物穀類等資糧的金盤，表示施給眾生財、壽之福，身爲黃色表示對於眾生無損傷之無瞋毒，騎猛虎表示能降伏貪瞋等煩惱勢力強大的惡魔，在雲彩中行業表示具空行性。又稱爲金剛笑母、或叫作妙音天母、能示現吉祥。

愛染明王

【特德】 愛染明王安坐於紅色蓮花上，蓮座下有寶瓶，寶瓶無間流溢出無盡珠寶，象徵著財寶無盡。

愛染明王（梵名Rāga-rāja），爲密教本尊之一。漢譯有羅誐羅闍、愛染王等名。在密教裏，此尊爲「愛欲貪染即淨菩提心」的象徵，故名愛染明王。而rāja又含有赤色的意義，因此，此尊多以全身赤色來表示其懷愛的特德，經常做爲爲財寶增益法、人際敬愛法的修法主尊。

愛染明王的法門，主要是以調伏怨敵、使人敬愛與祈求福德爲主，尤以敬愛法爲甚。愛染法本是台密的祕法，後來東密、台密都共同修習。在《金剛峰樓閣一切瑜伽瑜祇經》記載：愛染明王蓮花座下有寶瓶，從寶瓶中無間流出無盡珠寶；另經文又記載：修持愛染明王法，可增益一切福，使四種事業迅速圓滿。

愛染明王

愛染明王

⊙愛染明王的形像

愛染明王的形像，通常都作忿怒形，有三目代表法身般若解脫三妙德，也代表佛部、蓮華部、金剛部等三部。忿怒眼表對於違背菩提的人，予以降伏，身色如日暉表敬愛、慈悲，頭戴獅子寶冠表降伏一切障礙、無畏自在，獅子頂上安置五鈷鉤，其五鈷表眾生本具的五智，鉤表鉤召懷法；五色花鬘表五部如來妙德、五種悉地成就。以諸華鬘索絞結莊嚴其身，結跏趺坐於赤色蓮華上，蓮座下有寶瓶，寶瓶吐出眾多的寶物，代表增益法。

他的左手持金剛鈴、右手執五峰杵，鈴杵表息災法；左次手拿金剛弓，右次手執金剛箭準備射出，攝持一切眾生本來所具足的如來體性。其左下手抓著代表眾生無明的梵天頭（或抓空），右下手持蓮華，舉起如欲打之姿勢，表示降伏一切惡心痴迷的眾生，表降伏法。

另經文又記載：修持愛染明王法，可增益一切福德，四種事業迅速圓滿。

種子字：（hūṁ）或（hhūṁ）或（hoḥ）

三昧耶形：五股金剛杵

真　言：

1.通咒

唵　摩賀羅誐　縛日路瑟抳灑　縛日羅薩埵縛　若　吽　鑁　霍

𑖌𑖼 𑖦𑖮𑖯𑖨𑖯𑖐 𑖪𑖕𑖿𑖨𑖺𑖬𑖿𑖜𑖱𑖬 𑖪𑖕𑖿𑖨𑖭𑖝𑖿𑖪 𑖕𑖾 𑖮𑖳𑖼 𑖪𑖽 𑖮𑖺𑖾

om mahārāga vajrosnisa vajrasattva jah hūm van hoh

皈命　大愛染　金剛頂　金剛有情　鉤召　引入　縛住　歡喜

2.成就一字心明

唵　吽　悉底　娑縛賀

𑖌𑖼 𑖮𑖳𑖼 𑖭𑖰𑖟𑖿𑖠𑖰 𑖭𑖿𑖪𑖯𑖮𑖯

om hūm siddhi svāhā

皈命　引入　成就　成就

3.一字心明

吽 吒 枳 吽 惹

hūm ta ki hūm jjah

軍荼利明王

【特德】軍荼利明王以甘露泉水洗滌眾生心地，能使財富增長、怨敵調伏、災難平息。

由於此尊爲南方寶生佛的教令輪身，所以也具足寶生佛增益的特德。

軍荼利明王（梵名Kundah），音譯爲軍荼利，意譯爲甘露瓶。又譯作甘露軍荼利。或稱爲吉里明王、大明王、甘露尊、軍荼利菩薩、軍荼利夜叉。是密教五大明王之一，此尊於金剛界曼荼羅中，爲南方寶生佛的教令輪身現忿怒身，位於降三世會之西南隅。

軍荼利明王以慈悲方便，成證大威日輪照耀修行者，並流注甘露水，以洗滌眾生的心地，因此又稱爲甘露軍荼利明王（Amriti-Kundli，阿密利帝明王）。

軍荼利明王的修法，在增益世間財富、法財等法，及調伏怨敵、平息災障皆

四面四臂的軍荼利明王

能具足。

在《西方陀羅尼藏中金剛族阿蜜哩多軍荼利法》中記載：修此法若欲得富貴、金銀財寶增長，可取小指木燃火，取金末銀末和著蘇燃燒，即得富貴，一切人皆怖有威德，即得一切財寶。如果修行者每天用餐前，能供出少分食物，並念誦軍荼利明王心咒七遍，則不論在任何地方，都會得到明王的加護。此外，軍荼利真言也往往可用來作修持其他密法的輔助，或作加持供物之用。

在《瞿醯經》中，軍荼利明王，能破除一切災難，威德廣大；如果結此明王之大三昧耶印時，則具足威力，且能降伏怨敵。另有說甘露軍荼利是觀自在菩薩所變化，金剛軍荼利即是金剛手菩薩所變化。在《蘇悉地經疏》中稱軍荼利菩薩爲大精進菩薩，其所居之淨土稱爲妙喜世界。

軍荼利明王會摧破種種魔障，以慈悲爲方便，現大忿怒形，成爲大威日輪，照耀修行者晦暗的無邊世界，修行者因此而獲得悉地；其並流出甘露淨水，將藏識中之含藏染著的種子洗滌，迅速聚集福德智慧，獲得圓滿清淨法身。

⊙軍荼利明王的形像

此明王示現忿怒像，形貌又似夜叉身，所以也稱爲軍荼利夜叉明王（Kuṇḍalī-yakṣas）。另外，也有「大笑明王」的異稱。

軍荼利明王的形像，通常作四面四臂，或一面八臂。依據《軍荼利儀軌》所記載，其四面四臂像的臉部表情各有不同，正面慈悲、右面忿怒、左面大笑、後面微怒開口。這四面四臂象徵的是息災、降伏、敬愛、增益四種法。另外也有說是指第七識的我癡、我見、我慢、我愛的四種根本煩惱。其全身呈青蓮華色，坐於磐石之上。

至於一面三目八臂形，是頭戴髑髏冠，眼張大，作大瞋目，並有二條赤蛇垂在胸前。八隻臂手，右最上手，拿著金剛杵，屈臂向上；下第二手，執持三叉雙頭長戟，屈臂向上；下第三臂，壓左第三臂，兩臂相交在胸前，兩手各作跋折羅印；下第四臂，仰垂向下，勿著右胯，伸五指，爲施無畏手。

左上手中，把金輪形，屈臂向上；下第一手，中指以下三指各屈向掌，大指

一面八臂的軍荼利明王

捻中指上節側，食指直豎，向上伸之，屈其臂肘，手臂向左；下第四手，橫覆左胯，指頭向右。

種子字：（a hūṁ hūṁ）

三昧耶形：三鈷杵

印相：左右小指相交入掌，中指並申，食指屈如鉤形押中指初節如三鈷杵，大拇指並申押無名指。

真言：

曩謨① 羅怛曩怛羅夜也② 曩麼③ 室戰拏④ 摩訶縛日羅俱路馱也⑤ 唵⑥ 戶嚕 戶嚕⑦ 底瑟吒 底瑟吒⑧ 滿馱 滿馱⑨ 賀曩 賀曩⑩ 阿蜜哩帝⑪ 吽⑫ 發吒⑬ 娑縛訶⑭

namo① ratna-trayāya② mama-③ aścaṇḍa④ mahā-vajra-krodhāya⑤ oṁ⑥ huru huru⑦ tiṣṭha tiṣṭha⑧ bandha bandha⑨ hana hana⑩ amṛte⑪ hūṁ⑫ phaṭ⑬ svāhā⑭

歸命① 三寶② 歸命③ 暴惡④ 大金剛忿怒⑤ 歸命⑥ 速疾 速疾⑦ 安住

安住⑧　繫縛　繫縛⑨　殺害⑩　甘露⑪　忿⑫　摧破⑬　成就⑭

第3篇

諸天護法財神

四大天王

【特德】 四大天王誓願守護這個世界的眾生、安居樂業、財寶充盈、福德增長，入於正法，是很重要的財寶本尊。

四大天王（梵名 catuāsraḥ mahā-rājikāḥ），在佛法中佔有極重要的地位，是在我們所居住的欲界之中，護持佛法的四位天王。

在佛法的世界觀中，生命存在可以粗分爲三種不同層次的世界，即欲界、色界及無色界等三界。

欲界、色界及無色界共有二十八天，而四大天王所存在的四天王天，就是欲界初始的第一層天。

四大天王分別是指東方的持國天王、南方的增長天王、西方的廣目天王及北方的多聞（毗沙門）天王，四大天王又稱爲四天王、護世四天王及護世天等。他

四大天王

們所居住的天界稱爲四王天、四天王天、四大天王眾天，他們是這欲界初天的天王，帶領著眷屬天眾居於此處。

⊙四大天王增益資財的修法

在《白寶口抄》卷第一百四十七卷中說，如果要求多得錢財、療病靈驗，可以於道場北面向南邊作行安置，修法者南坐，面向北方安坐，祈請四大天王，焚淨香供養，並誦四大天王通心咒如下：

唵　漸婆羅　謝輦陀羅夜　莎訶

如果能誠心日日誦之，或是滿十萬遍更佳。

⊙四大天王的居處

在佛教中的天界中，又有居於空界的空居天，及居於地界的地居天，四天王天及其上的帝釋天都屬於地居天，他們止居於須彌山上。四大天王是居於須彌山山腰的東、西、南、北的四方，四大天王的居處、眷屬及守護處如下：

四大天王的居處—須彌山

(1)東方持國天王;住賢上城,率領乾闥婆、富單那二部鬼眾守護東洲兼及餘洲。

(2)南方增長天王;住善見城,率領鳩槃荼、薜荔多二部鬼神守護南洲兼及餘洲。

(3)西方廣目天王;住周羅善見城,統率龍、毗舍闍二部鬼眾守護西洲兼餘洲。

(4)北方多聞天王;又作毗沙門天王,有可畏、天敬、眾歸三城,率領夜叉、羅刹二部鬼眾守護北洲兼及餘洲。

而四天王與天眾之壽量爲五百歲,他們的一晝夜相當於人間五十年,因此他們的壽量,大約是人間的九百多萬歲,他們的身量則爲半由旬。天衣長一由旬,廣半由旬,重半兩。初生的時候,即相當於人間五歲幼童,色相圓滿並著天衣。在欲界六天之中,以四大天王所統領的境域最爲寬廣。

⊙正法的守護者——四大天王

依據《四天王經》記載,四天王都從屬於帝釋天王,每月的六齋日檢視人間

四大天王

的善惡行業，並勸勉眾生守戒行善，是正法的護持者。

四大天王是與人間關係極為密切的佛教護法，他們用心的守護佛法及一切修行人，所以自古以來對四大天王的信仰極為興盛。當我們進入寺院時，常會見到四大天王守護著寺院，可見其重要性。在任何修法、結界時，迎請四大天王是最根本的儀則。甚至可以說，有佛法的地區，都可以見到四大天王的守護。以下我們分別介紹四大天王。

毗沙門天王

【特德】 毗沙門天王的福德力名聞四方，所以名為多聞天，被視為財寶天王，在藏密中更被視為財神本尊，能賜予無盡資財。

毗沙門天（梵名Vaiśravana，藏名Rnam-thos-kyi-bu）四大天王或十二天之一。意譯多聞、遍聞，以多聞天之名最爲常見。

毗沙門天王是閻浮提北方的守護神，護持佛法守護世間。毗沙門天王的福德力名聞四方，所以名爲多聞天，被視爲財寶天王，在藏密中更被視爲財神本尊，能賜予無盡資財。在印度、西域、中國與日本等地，毗沙門天王都普遍受到供奉，爲著名的財神、福神。

⊙護持眾生豐饒財寶的毗沙門天王

在《毗沙門天王經》中記載，當時毗沙門天王於佛前發願的因緣。當初毗沙門天王為了未來諸有情等利益安樂，豐饒財寶、護持國界故，說自真言。此真言如真多摩尼寶王，能滿眾願。此心真言為：

曩謨囉怛曩夜野　曩謨吠室囉麼拏野　摩賀囉　惹野　薩嚩薩怛嚩曩麼舍跛哩布囉拏野　悉地迦囉野蘇騫娜娜野　怛娑每曩莫塞訖哩怛嚩伊　給吠室囉麼拏紇哩乃野　麼轙多以灑弭薩嚩薩怛嚩蘇佉嚩憾　怛儞也他　唵悉地悉地　蘇母蘇母　左左左左　左囉左囉　娑囉娑囉　羯囉羯囉　枳里枳里　矩嚕矩嚕　母嚕母嚕　主嚕主嚕　娑馱野遏貪麼麼　額底也末他弩婆嚩娑嚩賀　吠室囉麼拏野娑嚩賀　馱曩娜野娑嚩賀　麼拏囉他　跛哩布囉迦野娑嚩賀

同經中又記載此真言的修法為：

先取安悉香、白檀香、龍腦香、多蘗囉香、薰陸香、蘇合香，和合此香，供養我毗沙門天王，若迎請時結根本印，以二頭指向身三招，即誦真言七遍，頂上散印：

　　怛儞也他　曩謨吠室囉嚩拏野曩謨馱曩娜野　馱甯濕嚩囉野　阿蘗蹉蘗蹉

阿跛哩弭多馱甯濕嚩　囉鉢囉嚩迦嚕抳迦　薩嚩薩答嚩呬多唧多　嚩嚩馱曩嚩拏

鉢囉拽蹉　娑嚩琰嚩　蘗嗟娑嚩賀

　　行者常念誦此真言而無間斷，直到毗沙門天的王子赦儞娑，示現童子形，告訴持誦者：「你有何事請召我父王？」

　　持誦者回答：「我爲了供養三寶的緣故，請天王賜與我財寶。」

　　此時赦儞娑童子於須臾頃就會還至毗沙門天王所，告訴天王：「持誦者求諸財寶，爲供養故，利益有情。」這時毗沙門天王就會命此童子：「你日日與其金錢一百，乃至壽終。」童子送來的錢，會有異種香氣，得到的人，除了自己受用之外，應該多行布施，不應貯積聚而懷慳悋，應常對一切有情生起大慈心，勿生瞋恚心，並以殊勝香花、飲食、燈明，於寂靜處如法供養佛、法、僧三寶，並思惟正法而無間斷。

　　毗沙門天王住於須彌山北方可畏、天敬、眾歸等三城。每個城各縱橫六十由旬，其中有七重欄楯、羅網、行樹等裝飾，全部都由七寶所形成，端嚴清淨；眾鳥和鳴，景色殊麗。

毗沙門天王有五位太子，分別是最勝、獨健、哪吒、常見、禪祇；常有五大鬼神隨侍其左右，分別為：那闍婁、檀陀羅、醯摩拔陀、提偈羅、修逸路摩；另外還有二十八使者，為其天界所屬。

每逢半月二齋日及八日、十四日、十五日，毗沙門等四天王常以此八日勅諸使者：「巡行世間，觀察人民，是否孝敬父母、尊敬沙門及婆羅門長老，是否受齋戒及行布施？」

使者巡行回報之後，天王如果聽聞人間惡行則不歡喜，若聽到行善則心生歡喜。十四日這天，四王則遣太子巡行天下；而到了十五日這天，四天王親自巡察，然後到善法殿，向帝釋天王詳細稟告一切。

佛陀曾經付囑毗沙門天王，在未來世邪見王毀滅佛教時，要大力護持佛法。

毗沙門天王又具有戰神的性格，他的太子哪吒也都具有隨軍護法的願力。

據《大唐西域記》卷十二中記載，可知于闐國對毗沙門天王的信仰極為興盛。在敦煌千佛洞中，曾經有絹本著色的毗沙門圖出土。而在日本，鞍馬寺中藏有左手托額的秘佛，又有兜跋毗沙門，此即顯示出在密教傳入日本之後，毗沙門天王單獨受到尊崇的盛況。

⊙藏密財寶天王——毗沙門天

在四大天王中，北方毗沙門天王所受到的依止，特別的廣大興盛。因為毗沙門天王不只特別是天神諸神中，最為熱心護持佛法，與佛教徒的關係最為密切，而且對於佛法的修證，更是深入。因此，有人認為毗沙門天王是大菩薩化現天王身，來擁護教化眾生的。

毗沙門天王除了是正信佛法的保護者，有著無邊威武的力量之外，並且是密教增益法中的重要本尊。因此，毗沙門天王不只被稱為多聞天王，更被視為財寶天王，藏傳的密教行人更視之為財神的本尊，能賜予無盡的資財。

⊙毗沙門天王的形像

毗沙門天王一般的造像都是神王形，通常都作披著甲胄戴冠相，右手持寶棒，左手仰擎寶塔，腳踏二鬼。毗沙門天王除了爲四大天王之一外，亦被單獨尊崇。又因爲能賜予福德，亦爲日本七福神之一。

⊙毗沙門天王助梵志供佛圓滿

佛陀住世時，在迦蘭陀竹園中安住，國界中的人民無有不供養者。當時，彼城中的梵志聚集在一處，各作是論：「我們各自出三兩金錢，以做爲供養世尊食具之用。」

這時，其中有一位雞頭梵志，生活極爲貧匱，只夠自己存活，沒錢可以供養，便就被其他梵志所驅逐。

雞頭梵志回到家中之後，告訴其婦：「我今日因爲無金錢供養的緣故，被諸梵志等所驅逐。」

毗沙門天王

這時梵志妻答言：「不如你到城裏去向人借錢，七天就歸還，如果還不出來，我們夫婦就賣身爲奴僕。」於是梵志就到城裏去借錢，無奈卻空手而返。

隨後梵志妻想起城東有一位不奢蜜多羅大長者，非常富有，就對梵志說：「你去向這位長者舉債，並告訴他，倘若七天之後還不出錢，我們夫婦就充作他的奴僕。」不奢蜜多羅長者果然借給他們錢。

這時，雞頭梵志拿著錢回到家，他的妻子高興的說：「現在你可以拿這錢去供養了。」

於是雞頭梵志就拿著錢回到那群梵志處，豈料大眾卻說：「我們供養的資具已經足夠，不需要你的錢，你回去吧，不必再住此處大眾中。」

梵志沮喪地回到家中，告訴妻子。他的妻子鼓勵他：「我們二人一起到世尊那兒，說明自身微薄的供養心意。」

於是兩人就到世尊處，敬禮世尊之後，並說明事情的原委。

這時，世尊告訴梵志：「如今你可以爲如來及比丘僧準備供具飲食。」

這時，梵志不敢應答，只是看著其妻，他的妻子告訴他：「但隨順佛陀的教誨，不須猶豫。」

因此，梵志就從座位上起身，上前稟白佛陀：「唯願世尊及比丘僧大眾當受我之請！」

於是，世尊默然受梵志請。

這時，帝釋天王釋提桓因在世尊身後，叉手侍立，世尊就回頭對其說：「你可以幫助這個梵志一起籌辦食具。」

釋提桓因承受佛命之後，看到毗沙門天王正在不遠處，帶領諸多鬼神大眾，遙向世尊搧涼。於是，釋提桓因就告訴毗沙門天王：「你也可幫助此梵志籌辦食具。」

於是，毗沙門天王就上前到佛前，以頭面禮足，遶佛三匝之後，就化作人形，領著五百鬼神一起籌辦食具。這時，毗沙門天王敕諸鬼神：「汝等速往至檀林中而取栴檀著鐵廚中。爾時，廚中有五百鬼神於中作食。」

於是毗沙門天王就帶領五百鬼神造鐵廚，開始作飯食等，而自在天子也化現了由金、銀、水精、琉璃、馬瑙、赤珠、車渠，所建成的七寶諸堂，及種種寶樹寶蓋，並焚以上好的牛頭檀香，使整個羅閱城中都遍滿香薰。城中人無不驚異，不知道是何人以上妙天廚來供養佛陀及僧眾。

這時，毗沙門天王就告訴雞頭梵志：「你張開手。」於是，雞頭就張開右手。毗沙門天王就給他一個金鋌，又教他：「將這個金鋌投在地上。」

梵志就把金鋌投在地上，頓時化成百千兩黃金。毗沙門天王就告訴梵志：「你拿這些金子到城中購買種種飲食回來。」等飲食買回來之後，天王就教他沐浴，並給他種種妙好衣裳，打扮整齊。隨後手執香火，教他說：「吉時已到，現今正是時，願諸世尊屈顧！」

於是，梵志就照著做。而世尊也著衣持鉢，帶領比丘大眾前往此講堂，各依次第安坐，而比丘尼眾也次第安坐，接受梵志的供養。

由於飲食極爲豐盛，雞頭梵志又依佛教，祈請十方釋迦牟尼佛弟子得六神通、漏盡阿羅漢者，都來諸堂受供，如此供養了七日，雞頭梵志就祈求世尊聽許其願，准許他出家做沙門。在精勤行道不久之後，即入於聖者之流，得阿羅漢果。

◎祈求毗沙門天王護佑的方法

毗沙門天王也是天界諸神中對佛教徒最爲熱心護持的神祇之一。在四大天王裏，他與佛教徒的關係最爲密切。

毗沙門天王除了以財神性格著稱之外，同時也守護眾生利益安樂、遠離諸厄難、能滿諸勝願、獲得大智慧、乃至天眼通、壽命俱胝歲（長壽）……等。

行者如果想要得到毗沙門天王的護持，最重要的原則，是要行善行、合於正法。如果希望更有力祈求毗沙門天王的加被，自也可依據佛典所記載的方式來祈求：

(1)供奉毗沙門天王像，經常持誦《毗沙門天王經》，並依該經的指示祈求。

(2)供奉毗沙門天王像，經常持誦毗沙門天王心咒。

(3)持誦《金光明經》、《大集經》與《法華經》等大乘經典。

(4)行者可祈求具德上師傳授毗沙門天王法，或行毗沙門天王護摩法。

(5)一般道場也可以供奉毗沙門天王像，並尊奉爲道場的護法神。

種子字：𑖪𑖹（vai）

三昧耶形：寶塔

印相：毗沙門天印

心真言

曩莫① 三滿多沒馱喃② 吠室囉縛拏野③ 莎賀④

𑖡𑖦𑖾① 𑖭𑖦𑖡𑖿𑖝𑖤𑖲𑖟𑖿𑖠𑖯𑖡𑖯𑖽② 𑖪𑖹𑖫𑖿𑖨𑖪𑖜𑖯𑖧③ 𑖭𑖿𑖪𑖯𑖮𑖯④

namaḥ① samanta-buddhānāṁ② Vaiśravaṇaya③ svāhā④

歸命① 普遍諸佛② 毗沙門天③ 成就④

心中心真言

唵① 彈那馱羅野② 娑婆訶③

oṃ① daṇḍa-dharāya② svāhā③

歸命① 執棒者② 成就③

持國天王

【特德】 持國天能保護安撫眾生，增長智慧、財寶豐盈，受用無盡，一切自在。

持國天（梵名 Dhṛta-rāṣṭra 藏名 Yul-ḥkhor-bsruṅ）音譯爲提頭賴吒、提多羅吒、持梨哆阿羅哆、多羅吒。又稱爲治國天、安民天、順怨天。

由於此天王護持國土、保護安撫眾生，所以稱爲持國天，又稱爲東方天。爲四大天王之一，及十六善神之一。

東方持國天王能護持人民無諸病苦，無諸魔障，無諸煩惱，增長智慧，延年益壽，財寶豐盈，受用無盡，一切自在，所作成就。

持國天住於須彌山東面半腹的由乾陀山，其所住地爲賢上城，有七重欄楯、鈴網、行樹及七寶等瑰麗裝飾，景色殊勝。

《起世經》卷六〈四天王品〉中記載：「須彌山東面東腹有山，名曰由乾陀。山頂去地四萬二千由旬。其山頂上有提頭賴吒天王城郭住處，城名賢上。縱廣正等六百由旬。七重垣牆、七重欄楯、七重鈴網，復有七重多羅行樹，周匝圍遶雜色可觀，悉以七寶而爲莊飾。所謂金、銀、琉璃、頗梨、赤珠、硨渠、瑪瑙等之所成就。」

持國天率領乾闥婆及毗舍闍神將，受佛付囑，守護東方國土，爲護世的善神。據《大集經》記載：佛陀曾囑咐他護持閻浮提東方世界。當時天王也隨即應允率領一切眷屬保護閻浮提東方的世間，使眾生能安居樂業，行於正法。

持國天的眷屬，依《長阿含經》卷十二〈大會經〉中說：「復有東方提頭賴吒天王領乾沓思神有大威德，有九十一子盡字因陀羅，皆有大神力。」

在《大方等大集經》卷五十二〈提頭賴吒天王護持品〉中記載：佛陀告訴樂勝提頭賴吒天王言：「妙丈夫！此四天下閻浮提中，東方第四分你應當護持。何以故？因爲閻浮提是諸佛興盛處，所以你應當最上護持。過去諸佛已曾教你護持養育東方閻浮提眾生，未來諸佛也是如此。」

持國天王

這時，樂勝提頭賴吒天王禀白佛陀：「世尊！如是如是，大德婆伽婆！過去諸佛付囑安置護持養育，亦教我等護持東方閻浮提界，就如同現今世尊教我安置東方世界一般。我應當深心頂戴，敬受於諸佛正法，護持閻浮提東方第四分。並且令我諸眷屬大小也護持，於三惡趣皆得止息，於三善道皆悉熾然行持。」

持國天王承受佛陀的咐囑，護持東方國土的眾生，關閉一切惡事，行一切善行。

因此，如果有匱乏者，誠心向東方天王祈願，天王皆能滿足其心願。

⊙持國天王的形像

關於持國天的形像，諸多說法不同，《陀羅尼集經》卷十一記載：提頭賴吒天王身長一肘，著種種天衣，嚴飾極令精妙，與其身材相稱，左手伸臂垂下握刀，右手屈臂，向前仰手，掌中拿著寶物放光。

《藥師琉璃光王七佛本願功德經念誦儀軌供養法》記載：東方持國大天王，其身白色，持琵琶，守護八佛的東方門。

持國天王

而在密教胎藏界曼荼羅外金剛部院中，此天王列位東門之南側。

種子字：（dhṛi）

三昧耶形：刀

印相：持國天印（二手握拳，食指伸豎，兩手手腕相交）

真言：唵① 地梨致囉瑟吒羅② 羅羅③ 鉢羅末馱那④ 莎訶⑤

oṃ① dṛtirāṣṭra② rārā③ pramadana④ svāhā⑤

皈命① 持國② 明美③ 勝願④ 成就⑤

增長天王

【特德】 增長天能守護衆生遠離災障，增長智慧、壽命，更能護佑衆生財寶充盈，受用無盡。

增長天王（梵名Virūḍhaka，藏名Hphags-skyes-po），漢譯爲毗樓勒迦天，又稱爲毗樓多天、毗樓勒叉天，意譯爲增長天，爲四大天王之一。十二天王之一，十六善神之一。

其居處在須彌山的琉璃埵的善見城中，其地縱廣六千由旬，有七重欄楯、羅網、行樹及七寶等裝飾，而且衆鳥和鳴，景色端麗。

增長天王率領鳩槃荼、薜荔多等鬼神，守護於南方，能折伏邪惡，增長善根，在南方承擔護持正法的使命爲護法之善神，所以又稱爲南方天。由於他能令衆生善根增長，所以名叫增長天。又在東、西、南、北方中，南方象徵增益的特性，能增長萬寶，所以也稱爲增長天。

增長天王不但守護人民遠離災障、煩惱，更能護佑眾生財寶充盈，受用無盡，增長智慧、壽命。

依《大集經》卷五十二所載，佛陀曾付囑增長天：「此閻浮提是諸佛興盛之處，因此你應當最上護持。過去諸佛已曾教你護持養育，未來諸佛也是如此。以及你的孩子、一切眷屬、大臣軍將，夜叉羅剎，皆當令其護持此間。你也應該使其對佛法生起敬信，共同護持閻浮提南方。」

⊙增長天王的形像

關於增長天的形像，有種種不同的說法。有些書上所描述的是赤肉色忿怒形，甲冑上著天衣，右手握劍，左拳置胯上，交腳而坐。左方有鬼形使者，呈黑肉色，大忿怒形以二手擎劍跪在天王前側。有些書則說他左手握刀，右手持矟，此種形像，象徵的是折伏邪惡、增長善根的意思。

根據《陀羅尼集經》卷十一記載：毗嚕陀迦身長一肘，著種種天衣，妝飾極精妙而與身相稱，左手伸臂垂下握刀，右手執矟，矟根著地。

而據《藥師琉璃光王七佛本願功德經念誦儀軌供養法》記載：其身青色，手執寶劍，守護八佛之南方門。

又在密教胎藏界曼荼羅中，此尊位於外金剛部院南門之東側。

四大天王的信仰，自古以來極爲盛行，在中國及日本均存有許多遺品，其形像亦各有不同。而各寺造像中，增長天王手中的持物亦有不同，如：

浙江省天台山萬年寺惣門中，天王手持琵琶。太白山天童寺天王殿的增長天像，手持劍；普陀山普濟寺天王殿之像，手持蛇；普陀山法雨寺天王殿之像，手持傘；湖南省武昌寶通寺天王殿之像，手持傘及塔；漢口歸元寺天王殿之，手持琵琶。

種子字：（vi）

三昧耶形：戟或刀或劍

印相：增長天印

真言：

增長天王

唵① 毗嚕陀迦② 藥叉③ 地波移曳④ 莎賀⑤

𑖌𑖼① 𑖪𑖰𑖨𑖳𑖠𑖎② 𑖧𑖎𑖿𑖬③ 𑖠𑖰𑖢𑖝𑖧𑖸④ 𑖭𑖿𑖪𑖯𑖮𑖯⑤

oṃ① virūdhaka② yakṣa③ dhipataye④ svāhā⑤

歸命① 增長② 勇健③ 領主④ 成就⑤

廣目天王

【特德】廣目天能守護眾生遠離惡事、財寶充盈、壽命增長，一切自在。

廣目天（梵名 Virūpākṣa，藏名 Mig-mi-bzan、Spyan-mi-bzan）廣目又名爲西方天，音譯毗留博叉、毗樓羅叉，意譯廣目天、醜目、惡眼、雜語主、雜語、非好報。爲四大天王之一，十二天之一，十六善神之一，居處在須彌山的白銀埵，爲守護西方的護法善神。

廣目天王常以清淨天眼觀察護持閻浮提眾生，守護一切眾生遠離種種惡事，財寶充盈，壽命增長，一切自在，所作成就。

廣目天王所住之處在須彌山西方的周羅善見城。該城嚴淨瑰麗景色殊勝，如同其他三天王住處。

廣目天王

此一天王率領無量天龍及富單那諸神等眷屬，守護佛法。

此天王亦爲諸龍之主，據《佛母大孔雀明王經》卷上所說：「此西方有大天王，名曰廣目，是大龍王，以無量百千諸龍而爲眷屬，守護西方。」

又，其所司之職在於對治惡人，令其受苦並生起求道之心。

依《大集經》所記載：佛陀曾付囑廣目天王護持閻浮提洲的西方世界，囑彼率領其子及師子、師子髮等八位諸龍軍將、西方十六天神、三曜七宿、諸天龍鬼……等眷屬，共同負起護法重任。佛教徒對此一天王的崇仰，也與持國、增長天相同，很少單獨供奉，通常都以四天王之一的身份，與其他三尊共同地受人們的奉祀。

⊙廣目天王的形像

相傳廣目天是大自在天的化身，由於前額有一目，因此稱爲廣目天。不過後世流布的此尊形像，都未見此形像。其形像通常作赤色忿怒形。甲冑上著天衣，右臂持三股戟，左拳置胯上，面向左方，交腳而坐。

廣目天王

在中國，廣目天的造型有多種，如河北居庸關西南壁上所刻者，構圖頗爲雄勁，係元代中期所製作。其右手執蛇，屈左手按於胸前，左腳踏於惡鬼背上；左側立有裸體脇侍，持金剛杵。

而於敦煌千佛洞所發現者爲著色絹本，形像爲身披中國式革製甲冑，以天衣、金具飾體，右手持劍，左手支持劍中央，兩足踏於夜叉之上，眉間洋溢雋銳之氣。

日本方面，向來盛行廣目天之造像，現今大和法隆寺、東大寺、興福寺等諸大寺均藏有莊嚴的古像，列爲國寶者達四十七件之多。

關於此尊的形像，諸說不同。依《陀羅尼集經》卷十一所記載：毗嚕博叉像，身長作一肘，著種種天衣，嚴飾極令精妙，與身相稱，左手伸臂執矟，右手持赤索。

據《藥師琉璃光王七佛本願功德經念誦儀軌供養法》所載：西方廣目天王，其身紅色，執羂索，守護八佛之西方門。又於密教胎藏界曼荼羅中，此尊位列外金剛院西門之側。

藏密廣目天王

種子字：（vi）

三昧耶形：三鈷戟

手　印：廣目天印

真　言：

唵①　毗嚕博叉②　那伽③　地波跢曳④　莎訶⑤

①　②　③　④　⑤

oṃ①　virūpākṣa②　nāga③　dhipatāye④　svāhā⑤

皈命①　廣目②　龍③　領主④　成就⑤

給薩財神

【特德】

給薩財神不僅能幫助眾生驅除修行上的障礙，更能幫助眾生在財富資糧上不虞匱乏，是財神與長壽兼具的本尊。

給薩財神爲西藏的財寶本尊之一，「給薩」最勝本尊，藏名意譯爲：大獅子如意寶，是守護正法，摧破一切邪魔的大威力統領王將。

給薩財神在藏密的行法中，由於傳承儀軌不同的緣故，各有示現作爲本尊或護法的修法。

蓮師給薩財神，爲蓮花生大士爲了救度末法眾生貧苦窮困所特別化現，誠敬供奉、修持，在現生可速得權力財勢、壽命增長、財源廣進，平安而無障礙危難，能得廣大功德福報，爲主掌眾生財富、權勢、運氣的最勝本尊。

有關於「給薩王」的由來，有很多種不同的傳說，其中一種說法是：當初佛教傳入西藏時，由於皈命佛法的藏王赤松德贊，迎娶文成公主入藏，並奉請蓮花生大士、寂護等大師入藏，使佛法在雪域得以廣大弘揚。之後，藏王朗達瑪出世，大肆迫害佛教，殺害了無數的比丘及修行者，眾生也陷入了混亂、痛苦。當時西藏逐漸瓦解成許多小國，相傳每一地區都爲一魔王轉世之王所統治，到處都有大規模的破壞。

蓮花生大士師應於眾生的祈請，便命藏王赤松德贊所轉世的梵天之子妥巴噶瓦—聞喜（Thopagawa）再度轉生到西藏，成爲給薩國王。

由文殊師利菩薩賜予身灌頂，觀世音菩薩賜予語灌頂，金剛手菩薩賜予意灌頂，並由蓮花生大士加持，使給薩王成爲蓮師事業與功德的化現。因此，給薩國王遂成爲大悲、智慧、大力三怙主與蓮師總集化現。

給薩財神同時也稱爲藏密最殊勝的「幸運本尊」，以本尊修持的寶瓶，則稱爲「給薩寶瓶」，能速疾改變運勢，累積財富，使一切衰敗速得恢復旺盛，所以又稱爲「轉運寶瓶」任何心意皆得滿願。

給薩財神心咒

嗡阿吽 班乍日 瑪哈 咕嚕 瑪尼 惹乍 沙爾哇 悉地 帕拉吽

大黑天

【特德】大黑天敬愛三寶，護持修行人，能滿足眾生世間、出世間的資財。

大黑天（梵名Mahākāla），密教守護神之一，梵文音譯爲摩訶迦邏、莫訶哥羅，意譯爲大黑或大時，又稱摩訶迦神，或摩訶迦羅神、大黑神、大黑天神、嘛哈嘎拉。

印度教以此神爲濕婆神（Śiva）的別名，或爲濕婆之后突迦的化身（或侍者），主破壞、戰鬥；佛教則視之爲大自在天的化身，或是毗盧遮那佛的化身等，諸說不一，其中有以大黑天爲福神來供奉者，各個說法不一，大約有以下幾種說法：

《大日經疏》中說其是降伏荼吉尼的忿怒神。

有說此天神爲摩醯首羅〈大自在天〉的化身，亦即塚間神、戰鬥神。此中認爲大黑天神是摩醯首羅所化現，與諸鬼神無量眷屬常在夜間遊行林中，食生人血肉，具大力，所作勇猛，於戰鬥等法皆能得勝，所以大黑天神即戰鬥神。

根據《大方等大集經》卷五十五〈分布閻浮提品〉所記載，大黑天女與善髮乾闥婆等俱護持養育波羅奈國。

大黑天又稱爲瑪哈嘎拉（Mahākāla），爲西藏密教重要的護法主尊。各派所傳形像不一，性質作用也不同，由於各派傳承不同，對大黑天的形像和特性也有種種不同的說法，如：二臂大黑天，主要護持喜金剛行者；四臂大黑天，主要護持大手印行者；六臂大黑天，爲香巴噶舉及格魯派的主要護法；白色六臂大黑天，爲薩迦和噶舉派之主要護法。其中白瑪哈嘎拉爲著名之財寶本尊。

另有以此天爲財福神，司飲食。

在《南海寄歸內法傳》卷一〈受齋軌則〉提及：在西方諸大寺院處，都在廚房柱子側，或是在大庫門前，以木頭雕形，外表黑色，號爲莫訶哥羅，就是大黑神也。

大黑天

相傳大黑天古代是火天之部屬，敬愛三寶，護持五眾，使其無有損耗，凡有所求者，皆能稱願。每到用餐時，廚師每每薦大黑天香火，所有飲食隨列於其前。文中並提及淮北的寺廟雖然沒有供養大黑天的風氣，但在江南多有供養，凡有所求者皆非常效驗。

此外，日本諸寺根據《南海寄歸傳》所說，盛行於庫廚安置二臂大黑天像。在《南海傳》中記載大黑天應化的事蹟。

有一座大涅槃禪那寺，平日常住的僧人約有一百人左右。但是到了春、秋兩季禮拜之時，常有臨時來訪，使廚房煮食的僧人很難準備食物。

有一次，中午時突有五百位僧人來朝禮，已經來不及煮食了，但總不能夠讓朝禮者餓肚子，大家正在不知如何是好，有一位老婆婆就說：「這是常有的事，大眾不必憂心。」

只見老婆婆燃了許多香，虔誠地向大黑天禱告：「大聖！四方僧人至此朝禮聖跡，祈望莫令大眾飲食乏少。」如此祝禱完畢，就令大眾以原先準備的食物供給大眾。

奇怪的是，雖然用餐的人數比平時多出好幾百人，但廚房的飯菜卻像取之不盡一般，一點也不匱乏。大眾無不深感驚異。

日本更以大黑天為七福神之一，認為大黑天乃授與世間富貴官位之福神，廣受民間崇信。東密相傳，此尊係大日如來為降伏惡魔所示現的忿怒藥叉形天神，藏密則傳為觀世音菩薩所顯化的大護法。其同為日本與西藏兩系密教均相當重視的修法本尊。

由於此尊統領無量鬼神眷屬，且長於隱形飛行之藥術，因此能在戰爭時，加護向其祈求的眾生。更能使食物經常豐足，因此印度寺院與我國江南民間，常有人在廚房祀奉。同時此神也是佛教徒在墳場中祀奉的神祇之一。又相傳此神及其眷屬七母女天，能予貧困者以大福德。因此大黑天兼具有戰鬥神、廚房神、塚間神與福德神四種性格，相當受到崇仰。

⊙大黑天的形像

關於此尊尊形，在《慧琳音義》卷十中描述其為八臂，身青黑雲色，二手於

福神造形的大黑天

懷中橫把三戟叉，右第二手捉青羖羊，左第二手捉一餓鬼頭髻，右第三手把劍，左第三手執揭吒罔迦（Katabhaṅga），即髑髏鐘，爲破壞災禍的標幟，後二手各於肩上共張一白象皮如披勢，以毒蛇貫穿髑髏以爲瓔珞，虎牙上出，作大忿怒形，足下有地神女天以兩手承足。

另依《大黑天神法》所記載，其形像作青色三面六臂，最前面的左右手橫執劍，左次手提取人之髮髻，右次手執牝羊，次二手於背後張被象皮，以髑髏爲瓔珞。在胎藏現圖曼荼羅中之尊形與此所載相同，除羊與人頭左右相反。

而《最勝心明王經》說，大黑天被象皮，橫把一槍，一端穿人頭，一端穿羊。《南海寄歸傳》則說是神王形，把金囊，踞於小牀而垂一腳。

總約而言，關於此尊的尊形，通常有二種，一種現忿怒形，如：其身現黑色，坐在圓座上，火炎髮上豎，三面六臂。右第一手執偃月刀，二執骨念珠，三執小鼓。左第一手執天靈蓋，二執三叉戟，三執金剛繩，左右方之上雙手握住一張展開的象皮。

另一種則是福神的造形，作凡人貌，頭戴圓帽，背負一囊，持小槌，踏米袋。在修法時，忿怒形多用在作降魔、調伏法時；福神則主求福德之時所奉。

修習東密與藏密的人，對大黑天法頗為重視，都用於為祈禱為行者除魔，修行勝利成就與求福德時所修。

種子字：𑖦（ma）

三昧耶形：袋

印相：大黑天印

真言：

唵① 摩訶迦羅耶② 娑縛賀③

𑖌𑖼① 𑖦𑖮𑖯𑖎𑖯𑖩𑖧② 𑖭𑖿𑖪𑖯𑖮𑖯③

oṁ① mahā-kālaya② svāhā③

歸命① 大黑② 成就③

唵① 蜜止蜜止② 舍婆隸③ 多羅羯帝④ 娑縛訶⑤（大黑天神法）

oṁ① micch-micch② śvare③ taragate④ svāhā⑤

歸命① 降伏② 自在③ 救度④ 成就⑤

藏密大黑天

白瑪哈嘎拉

【特德】 白瑪哈嘎拉可增長眾生之壽命、豐財、威勢。

白瑪哈嘎拉，藏音爲貢噶意新諾布，意譯爲白如願珍寶依怙主。是觀世音菩薩所化現，由於憫念末世眾生缺乏福德，煩惱又重，因此化現此尊。白瑪哈嘎拉，能施予一切眾生福德。並使眾生獲致長壽、豐財、威勢的果報。而且此尊不同於一般世間財神護法，會產生障礙，是具足智慧、悲心的清淨財神。

白瑪哈嘎拉又名爲白色滿願如意智慧怙主，是藏密香巴噶舉與薩迦派特別的財神及智慧護法，相傳其住於印度金剛座清涼屍陀林中。

此尊身白色，一面六臂三目，鬚眉毛髮金黃色上揚，頭戴骨冠，右上臂執鉞刀上揚。右二臂執如意寶橫置胸前。右下手搖動著紅檀香木製之手鼓。左臂垂置腿側並捧著滿盛甘露之顱器，內有一財寶瓶。左二臂執三叉戟。左下手持鉞斧或羂索。二足作巡行狀，立於蓮花日輪象頭財神層疊之寶座上。身著五彩絲質天衣，下身著虎皮裙，上身披象皮，項佩五十鮮血人頭，表清淨五十習氣與煩惱。遍體佈珠寶及小鈴。

真　言：咕嚕　瑪哈嘎拉　哈哩尼薩　悉地炸

གུ་རུ་མ་ཧཱ་ཀཱ་ལ་ཧ་རི་ནི་ས་སིདྡྷི་ཛཿ

大聖歡喜天（象頭財神）

【特德】 大聖歡喜天能護佑行者獲得財富、世間成功、夫妻和樂，為密教財神。

大聖歡喜天（梵名Mahārya-nandikeśvara），全稱大聖歡喜大自在天神，略稱作歡喜天、聖天。又稱作誐那鉢底（梵名Gaṇa-pati），有誘導者之意，或譯作常隨魔。別名爲毗那夜迦（Vīnayaka）。爲佛教護法神，又稱爲「象頭財神」。

此天在密教中，亦被視爲增益法的財神，如果持誦此天的咒語，不論是求昇官發財，求世間珍異財寶，求伴侶，皆得滿願，或是祈求夫妻和樂，願得子嗣，皆有靈驗。

⊙象頭財神的由來

此天原爲印度神話中的神祇，稱作甘尼沙（梵名 Ganeśa、Ganesh），音譯或作誐尼沙。相傳是濕婆神（即大自在天）與其妃烏摩（Umā）之子，與其兄弟共同統轄其父大自在天的眷屬。其形像爲象頭大腹，缺一牙，有四臂，乘鼠。

關於其尊形爲象頭的來由，相傳是甘泥沙是在濕婆神外出時誕生，父子倆並不相識，有一天，烏摩要沐浴時，濕婆神自外歸來，甘尼沙卻守在門口，禁止濕婆神闖入，而與濕婆神相鬥戰，濕婆神在大怒之下，砍落了甘尼沙之頭，待怒氣平息時，才得知甘尼沙是自己的兒子，於是允諾將所見第一隻動物的頭砍下給甘泥沙作頭，恰巧其所見的第一隻動物爲象，因此甘尼沙就成爲象頭人身的模樣。

至於，甘尼沙缺一牙的緣故，相傳則是因爲有一次當濕婆神在開拉沙山睡眠時，波拉修拉瑪來見濕婆神，卻遭甘尼沙的阻擋。於是兩人便發生了爭執，因此在爭執中，甘尼沙失掉了一牙。

通常在印度文學作品的卷首部分，常附有獻予甘尼沙之敬禮文，並求其除去

象頭財神

大聖歡喜天

障害。

⊙大聖歡喜天被調伏的因緣

據說毗那夜迦天在未被降伏之前，經常隨逐眾生，伺機障礙，梵王、諸大龍王都無可奈何，唯有十一面觀音與軍荼利明王能降伏之。在《阿娑縛抄》卷一四九中引〈毗那夜迦密傳〉的說法，記載了觀自在菩薩降伏毗那夜迦的因緣：

此地有山名為毗那夜迦山，意為象頭山，又名障礙山，因為其中多住有毗那夜迦。他們的天王名為歡喜，與其眷屬無量大眾，都受到大自在天的勅命，欲前往世界奪眾生氣，而作障礙。

這時，觀自在菩薩因大悲薰心故，以慈善根之力，化現為毗那夜迦的婦女身，前往歡喜王的住所。當時大聖歡喜天王見此婦女，慾心熾盛，欲觸彼毗那夜迦女，與抱其身。這時此女不肯受之，彼王即作愛敬，於是，彼女言，我雖似障女，我從往昔以來，能受佛教誨，得袈裟衣服，你若實欲觸我身者，可隨我教，即如同我一般，至于盡未來世能為護法不？又從我共護一切行人，莫作障礙不？依

大聖歡喜天（雙身像）

止我已後，莫作毒害眾生之事？你若能受如此教者，我即與你爲親友。

這時毗那夜迦言，我依緣今值遇你，從今已後，隨你所言，修持守護佛法。

這時，毗那夜迦女歡喜含笑，與其相抱。

這是觀自在菩薩變度化大聖歡天的因緣相抱。

⊙大聖歡喜天的形像

位列密教胎藏外金剛部院北方及金剛界二十天之一。

關於此尊尊形，在胎藏界曼荼羅外院北方的歡喜天圖像，有雙身與單身二種傳圖，單身像爲象頭人身，面稍向左，鼻向外轉，右方的象牙折斷。此中，又有四臂、六臂、八臂的分別。四臂像右手執鉞斧、歡喜團，左手執棒與牙。六臂像則右手執棒、索、牙，左手執劍、歡喜團、輪。

此外，也有手持金剛杵、荷葉與蘿蔔根者。雙身像呈夫婦合抱站立狀，男天的臉靠在女天的右肩上，女天的臉靠在男天的右肩上，互相注視背部，二天手足皆柔軟端正。男天著赤色袈裟；女天頭繫華鬘，手足纏繞瓔珞。二天皆爲白肉色，著赤色裙，各以兩手互抱腰上。

在金剛界成身會等，列於外金剛部，身呈白肉色，一手執蘿蔔根，一手捧歡喜丸，坐荷葉座。

種子字：𑖪𑖰（vi）或𑖐𑖾（gaḥ）

三昧耶形：蘿蔔根

印相：毗那耶迦印

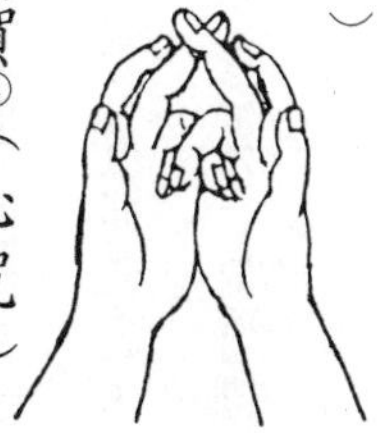

真言：唵① 儗哩② 虐③ 娑縛賀④（心咒）

𑖌𑖼① 𑖮𑖿𑖨𑖱𑖾② 𑖐𑖾③ 𑖭𑖿𑖪𑖯𑖮𑖯④

oṁ① hrīḥ② gaḥ③ svāhā④

歸命① 儗哩（觀音種子）② 虐（歡喜天種子）③ 成就④

地天

【特德】 地天是大地出生、堅固力量之神，能使眾生增益壽命，獲得無盡珍財與寶藏。

地天（梵名Pṛthivī），音譯作比里底毗、必哩體尾。爲色界十二天的第十天，乃主掌大地之神。又稱地神、地神天、堅牢神、堅牢地天、堅牢地神。

地神原來爲古代印度所崇仰的神祇，是具備偉大、堅固、不滅性、養育群生、繁生土地等美德的女神。尤其在《梨俱吠陀》中更以之爲諸神之母，而尊稱地母（Bhūmī）。

如果有眾生禮拜恭敬供養及念誦地天真言，地天會恆常出地味資潤彼人，令其身中增益壽命，並使其所居之地精氣充溢，行者身體康健、得大智慧、得辯才無礙，得人天愛敬，得無比無盡大福德，因此亦爲增益之護法財神。爲了求福、國土豐饒或鎮護土地而修的供養法，稱地天供或土供。

在佛教中，此尊被視爲菩薩或護法神，在經典中常可見其尊名及功德勢力。如《金光明最勝王經》卷八〈堅牢地神品〉謂之爲堅牢地神，即取其堅固之德。經中詳述此神護持說持《金光明經》者，並說如果有說法者廣大演說是經時，他就會常作宿衞，隱蔽其身，於法座下頂戴其足。

而在《地藏本願經》卷下〈地神護法品〉中，佛也曾對堅牢地神說：「汝大神力諸神少及，何以故？閻浮土地悉蒙汝護，乃至草木、沙石、稻麻、竹葦、穀米、寶貝從地而有，皆因汝力。」

另於《方廣大莊嚴經》卷九〈降魔品〉中記載，佛陀初成道，此地神爲作證明，從地湧出，曲躬恭敬，捧著盛滿香花之七寶瓶供養世尊。

⊙地天的形像

此尊尊形，於密教胎藏界曼荼羅中置男女二天。男天身呈赤肉色，戴寶冠，左手捧鉢，鉢中有鮮花，右掌向外，安胸前，坐圓座上。女天則居男天左側（或

地天

後方），身白肉色或赤肉色，頭戴寶冠，左手置於股上，右手安胸前，亦交腳坐圓座上。而於金剛界曼荼羅成身會者，則是呈白色女身形，開兩臂抱持圓輪，寶冠中有半月。

種子字：（pri）或（vi）

真言：南麼① 三曼多勃馱喃② 鉢嘌體毗曳③ 莎賀④

namaḥ① samanta-buddhānāṁ② pṛthiviye③ svāhā④

歸命① 普遍諸佛② 地天③ 成就④

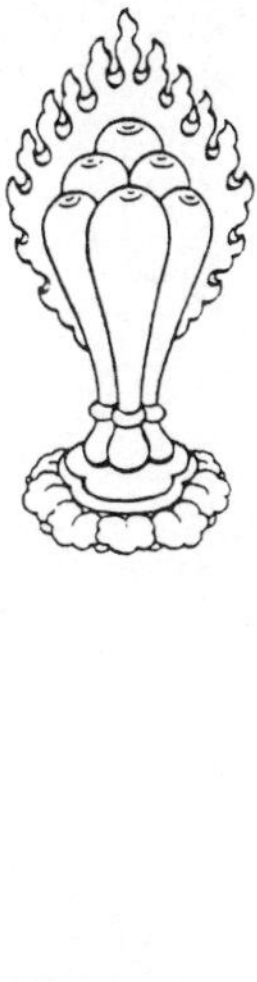

辯才天

【特德】辯才天為古代印度之文藝女神，能加持眾生得大辯才，賜予一切眾生財富，子息緜延。

辯才天（梵名Sarasvatī），古代印度婆羅門教、印度教之文藝女神。音譯作薩囉薩伐底、娑羅室伐底。又作、大辯才天女、大辯才功德天、大聖辯才天神、妙音天、美音天，略稱辯天。在梨俱吠陀中，原爲一河及河川神之名字，能除人之污穢，賜予人財富、子孫、勇敢。

《金光明最勝王經》卷七中所説，依該經所載，凡是宣講、受持《金光明經》者，都能得到她的護持而智慧增長、具足言説辯才，甚至於善解眾論及諸技術；能出生死，速趣無上正等菩提；而其於現世中，尚能施予受持《金光明經》者，增益壽命，資身之具悉皆圓滿充足。

同品中並載有咒藥洗浴之法，若如法洗浴，讀誦此經，並如呪師所教發起誓願，以是因緣將獲得無量隨心福報。並可解脫貧窮，具足財寶，獲四方星辰及日月的威神擁護，得以延年益壽，吉祥安隱福德增長。而《白寶口抄》中也說：「此辯才天功能等，委見《最勝王經》第七，此法尤爲福德就增益修之。」

◎辯才天的形像

一般多作四臂形，右第一手持花、次手執梵夾，左第一手持大自在天的華鬘，次手持鼓；乘騎雁鳥。

在密教胎藏曼荼羅中，此天則位外金剛部院，兩手抱琵琶作彈奏狀。而依《金光明最勝王經》卷七〈辯才天女品〉所述，此天女常以八臂自莊嚴，各持弓、箭、刀、矟、斧及長杵、鐵輪、羂索。

種子字：𑖭（sa）或𑖭𑖲（su）

三昧耶形：琵琶

手印：妙音天印左手仰掌當臍，如承把琵琶狀，右手食指、拇指相

辯才天

捻，餘散申之，如彈弦狀。或說，左手掌上作財寶涌出之相。

真　言：南麼①　三曼多勃馱喃②　薩囉薩伐底曳③　莎賀④

𑖡𑖦𑖾①　𑖭𑖦𑖡𑖿𑖝𑖤𑖲𑖟𑖿𑖠𑖯𑖡𑖯𑖽②　𑖭𑖨𑖭𑖿𑖪𑖝𑖿𑖧𑖹③　𑖭𑖿𑖪𑖯𑖮𑖯④

namaḥ①　samanta-buddhānāṃ②　sarasvatyai③　svāhā④

歸命①　普遍諸佛②　辯才③　成就④

曩謨①　薩囉酸底②　莫訶提鼻裔③　莎訶④（《最勝王經》）

𑖡𑖦𑖾①　𑖭𑖨𑖭𑖿𑖪𑖝𑖰②　𑖦𑖮𑖯𑖟𑖸𑖪𑖰𑖧𑖸③　𑖭𑖿𑖪𑖯𑖮𑖯④

namaḥ①　saravati②　mahā-deviye③　svāhā④

唵①　摩訶提婆布怛羅②　郤吒旁伽③　賀悉路曳④　莎訶⑤

𑖌𑖼①　𑖦𑖮𑖯𑖟𑖸𑖪𑖢𑖲𑖝𑖿𑖨②　𑖎𑖝𑖪𑖯𑖒𑖿𑖐③　𑖮𑖭𑖿𑖝𑖧𑖸④　𑖭𑖿𑖪𑖯𑖮𑖯⑤

oṃ①　mahā-devaputra②　katavāṅga③　hastaye④　svāhā⑤

歸命①　大天子②　棒③　手執④　成就⑤

吉祥天女

【特德】吉祥天女為佛教的護法神，主施福德，能滿足一切眾生所需資財，受用一切快樂。

吉祥天女（梵名Śrī-mahā-devī）在《大吉祥天女十二名號經》列出有吉慶、吉祥蓮花等十二種名稱；在《大吉祥天女十二契一百八名無垢大乘經》則列舉了一〇八種名稱。此外，此天還有寶藏天女或第一威德成就眾事大功德天等名。

以此天女爲本尊，祈求福德的修法，稱爲吉祥天女法或吉祥悔過法。據《金光明經》卷二記載：如果有欲得財寶增長者，此人應當於自己所住之處，清淨掃灑，洗浴自身，穿著鮮白新衣，以妙香塗佈身體；爲我（吉祥天女）至心，三次稱念彼佛「寶華琉璃世尊」名號，禮拜供養，並燒香散華，次當三稱《金光明經》，並至誠發願，另外以香華種種美味，供施於我，散灑諸方，……」如此依

吉祥天女

法修持之後，祈求者所居之處，不管是村邑、僧坊、露地，皆無所乏少；不管是錢財、金銀、珍寶、牛羊、穀米，一切所需資糧，皆圓滿具足，悉受用一切快樂。

相傳此天是毗沙門天王的妻子，其父爲德叉迦，母爲鬼子母神。在北方毗沙門天王有城名阿尼曼陀城，城中的功德華光園以金幢七寶極妙園，最爲殊勝，此園即是大吉祥天女常止住之處。

依《金光明經》〈功德天品〉所載，吉祥天在過去世的寶華功德海琉璃金山寶照明如來時，已種下諸種善根。所以，她現在能夠隨所念、所視、所至之處，而使無量百千眾生受諸快樂，乃至所須資生之具及種種珍寶等悉令充足。並說，如果行者能夠持誦《金光明經》，供養諸佛，用香花、好香、美味來供養吉祥天，並且持念她的名號，如法供養之後，則此信徒當能獲得資財寶物等福報。

在《大吉祥天女經》中說：當時，世尊見到吉祥天女，頂上虛空有無量百千福莊嚴的俱胝如來圍遶，一切釋尊就讚揚稱歎地說：「如果受持大吉祥天女十二種印契及一百〇八種名號，如此一切怖畏逼迫的煩惱，都能止息消除，一切怨賊，人、非人的一切恐怖也不能爲害，一切財寶、五穀皆悉皆豐饒。」

觀自在菩薩請問陀佛：「吉祥天女是於何處種植善根呢？」

佛陀說：「此天女已於恒河沙如來處種植善根。在過去世有寶生世寶功德海吠瑠璃金山光明吉祥如來出現於世間，大吉祥天女於彼處種植善根，又在其餘許多如來之處稱如是如來名號，這是這位大吉祥天女成就如此善根的由來。」

這些如來經常隨身護佑大吉祥天女，能爲一切眾生說一切罪，能除滅一切煩惱，能除去所有貧窮的過患，能止息一切逼迫之苦惱、諍論，能成辦六種菩薩度化眾生的波羅蜜行。

吉祥天女，代表美麗及幸福的女神，是布施福德的女神，有時與功德天被視爲同尊，但也有認爲二者有別。

在印度的婆羅門教中，吉祥天女又被視爲保護神毗瑟奴，即遍入天或那羅延天之妃。但在佛教中，則常視爲毗沙門天王之妻。

⊙藏傳佛教吉祥天母

西藏的吉祥天母，藏名爲班丹拉姆（Dpal-ldan-lha-mo），可以說是西藏佛教中極爲重要的女護法。

吉祥天女和吉祥天母的梵名都是Śrī-mahā-devī，似乎是同尊，也有許多人如此主張，但是二者的形貌在傳承上差異極大，藏傳的吉祥天母是忿怒的護法尊，形貌極爲猛惡，吉祥天女則是顏貌寂靜的美麗天女。

而藏傳的吉祥天女，有人認爲應是瑪哈迦利（Mahā-kālī）神。而瑪哈迦利神，又稱爲時母，是十二天或七母天之一，意爲黑色女神，是雪山神的十種化身之一，爲濕婆（梵名Śiva），或稱爲大自在天神之妻。

當初釋迦牟尼佛在菩提樹下成道時，她與群魔共同擾亂世尊，意圖障礙，最後被世尊降伏，成爲佛教的護法。在藏傳佛教中，更是最重要的女性出世間護法。

距拉薩不遠處，聖母湖畔即供有吉祥天母像，歷世達賴一生至少一次會親臨此地與其對話。

西藏的吉祥天母身像有二臂四臂兩種；二臂的藏名爲「莫錯瑪」；四臂之藏物「杜蘇瑪」，其身藍色，三目圓睜，側身跨坐黃騾，凌空飛行，四周風火血海。頭戴五髏骷冠、赤髮上衝、人頭項鏈、五蛇爲飾、著天衣，腰圍虎皮裙、腰繫紅短棒。主臂右手持權杖，左手托盛滿鮮血的顱器，另兩手持三叉戟和金剛橛。乘騾以人皮為鞍，以綠蛇為轡，臀部有眼，掛著毒布囊，側垂一人頭，示現極盛怒相。

⊙吉祥天的形像

關於此尊尊形，有各種不同的說法。依《諸天傳》卷下所記載，其身端正，有赤白二臂，左手持如意珠，右手作施無畏印，坐於寶臺上。左邊梵天，手持寶鏡；右邊帝釋天，散花供養。天女背後有七寶山，上有五色雲，雲上又有六牙白象，象鼻持瑪瑙瓶，自瓶內出種種物，灌功德天頂上。天神背後有百寶花林，頭上有千葉寶蓋，於諸天蓋上作伎樂，散花供養。

《寶藏天女陀羅尼法》則記載：「天女身長二尺五寸，頭作花冠，所點花極妙端正；身著紫袍、金帶、烏靴，右手把蓮花，左手把如意寶珠。」《陀羅尼經》則描述其左手持如意珠，右手作施無畏印，坐於宣臺之上。

吉祥天

⊙祈求吉祥天女護佑的方法

在《金光明最勝王經》〈大吉祥天女增長財物品〉第十七中，記載吉祥天女為眾生增長財物的祈求法：

「世尊！北方薜室羅末拏天王城名有財，去城不遠有園名曰妙華福光，中有勝殿七寶所成。世尊！我（吉祥天女）常住彼。若復有人欲求五穀日日增多、倉庫盈溢者，應當發起敬信之心，淨治一室瞿摩塗地，應畫我像種種瓔珞周匝莊嚴，當洗浴著淨衣服，塗以名香入淨室內，發心為我每日三時，稱彼佛名及此經名號而申禮敬：南謨琉璃金山寶花光照吉祥功德海如來！

「持諸香花及以種種甘美飲食至心奉獻，亦以香花及諸飲食供養我像，復持飲食散擲餘方施諸神等，實言邀請大吉祥天發所求願。若如所言是不虛者，於我所請勿令空爾。

「于時吉祥天女知是事已便生愍念，令其宅中財穀增長，即當誦呪請召於我，先稱佛名及菩薩名字，一心敬禮。

「南謨一切十方三世諸佛　南謨寶髻佛　南謨無垢光明寶幢佛　南謨金幢光佛　南謨百金光藏佛　南謨金蓋寶積佛　南謨金花光幢佛　南謨大寶幢佛　南謨東方不動佛　南謨南方寶幢佛　南謨西方無量壽佛　南謨北方天鼓音王佛　南謨妙幢菩薩　南謨金光菩薩　南謨金藏菩薩　南謨常啼菩薩　南謨法上菩薩　南謨善安菩薩

「敬禮如是佛菩薩已，次當誦咒請召我大吉祥天女。由此咒力，所求之事皆得成就。」

於後，吉祥天女即說咒曰：

南謨室唎莫訶天女　怛姪他　鉢唎脯啡折囇　三曼頦　達喇設泥莫訶毗囉揭諦　三曼哆毗曇末泥　莫訶迦哩也　鉢喇底瑟侘鉢泥　薩婆頞　他娑彈泥　蘇鉢喇底晡囇　痾耶娜達摩多莫訶毗俱比諦　莫訶迷咄嚕　鄔波僧呬羝　莫訶頡唎使蘇僧近哩呬羝　三曼多頞他　阿奴波喇泥　莎訶

並說：世尊！若人誦持如是神咒請召我時，我聞請已即至其所令願得遂。

經中又說，得天女護佑之後，必須以此福德行於布施、供養、周濟、貧乏等事。

關於此法的殊勝經中記載：「從是以後，當令彼人於睡夢中得見於我（吉祥天女），隨所求事以實告知。若聚落空澤及僧住處，隨所求者皆令圓滿，金銀、財寶、牛羊、穀麥、飲食、衣服，皆得隨心受諸快樂。即得如是勝妙果報，當以上分供養三寶，及施於我。廣修法會，設諸飲食布列香花，既供養已，所有供養貨之取直復爲供養。我當終身常住於此，擁護是人令無闕乏，隨所稀求悉皆稱意，亦當時時給濟貧乏，不應慳惜獨爲己身，常讀是經供養不絕，當以此福普施一切，迴向菩提願出生死速得解脫。」

由此品之描述可知，若有人能至心求念，如法祈求天女護佑，所謂福德不可思議。

種子字：（śrī）

三昧耶形：寶珠

手　相：施無畏印

真　言：如文中所述

五姓財神

五姓財神是藏傳佛教各大教派所供養的財神的共稱，能使眾生去除一切貧苦、災難，增長一切善法、富饒自在。

【特德】

五姓財神，梵名爲瞻巴拉、閻婆羅、霧神，舊譯布祿金剛。這五財神的身色，分別是綠、白、紅、黃、黑財神。

一般常見的五姓財神，居中央的主尊是綠財神，東方不動佛的化身。一頭二臂三目，頭戴寶冠，身穿天衣。右手持如意寶，左手輕抓吐寶鼠，左腳內曲，右腳踩海螺寶，與佛母雙運，以如意姿安坐於蓮花月輪上。其功德爲：令一切事業圓滿成功，淨化惡運之障，成就一切願望，於諸眾生受用富饒增長。

前右方是白財神，其功德爲：袪病，免除貧苦，增長善業，於諸受用富饒增上。

五姓財神

左後方是紅財神，其功德爲：能招聚人、財、食等諸受用自在富饒。右後方是黃財神，其功德爲：能增長福德、壽命、智慧、物質及精神上之受用。左前方是黑財神，其功德爲：消除怨敵、偷盜、病魔等障礙，能令受用增長。五姓財神之持物及功德茲列表如下：

財神	持物	功德利益
白財神	吐寶獸、摩尼寶珠	祛除疾病，除去一切貧苦、災難障礙、增長一切善業，於生活一切受用富饒增上。
紅財神	吐寶獸、摩尼寶珠	能招聚人才、財寶及生活一切受用自在富饒。
黃財神	吐寶獸、摩尼寶珠	能增長福德、壽命、智慧、物質，及豐富精神及心靈。
黑財神	吐寶獸、嘎巴拉	能消除怨恨混亂，及偷盜、病魔等障礙，令受用增長。
綠財神	吐寶獸、摩尼寶珠	令一切所作成功、圓滿、淨化惡運障礙，成就一切願望，使一切受用富饒增長。

五姓財神有共同的陀羅尼咒語，是求得財神身語意功德加持爲主的真言。五

姓財神的咒語爲：「嗡　雜母巴拉　乍聯扎耶　梭哈」。「嗡」字之意是召引持明，稱爲持明。「雜母」字之意是打開礦藏。「巴」字之意爲救度怖畏。「拉」字之意爲防護竊賊。「乍」字之意爲惠賜生子。「聯」字之意爲賜給壽命。「扎」字意爲救度貧窮。「耶」字意爲召引壽福。「梭哈」字意爲吉祥如意。

真　言：唵　雜母巴拉　乍聯扎耶　梭哈

黃財神

【特德】

黃財神為五姓財神之一。主司財富，能使一切眾生脫於貧困，財源廣進。

黃財神藏名爲：藏巴拉．些玻。當初釋迦牟尼佛於靈鷲山宣說大般若經時，諸魔鬼神等皆前來障礙，令高山崩塌，大眾驚惶，此時黃財神就現身庇護，後來世尊咐囑黃財神，當於未來世助益一切貧苦眾生，爲大護法。

本尊形相肚大身小，雙手有力，膚色金黃。右手持摩尼寶珠，左手輕抓口吐珠寶的吐寶鼠。頭戴五佛寶冠，身著天衣，藍色蓮花及珠寶瓔珞作嚴飾。胸前掛烏巴拉念珠，以如意坐左腳曲，右腳輕踩海螺寶，安坐於蓮華月輪上。

誠心持誦黃財神心咒，可獲其庇佑能財源廣進，免除窮困，以及一切經濟窘困。如果能發起無上菩提心，發願救度一切眾生出於貧困，則福德更不可限量。

黃財神

真言：唵　藏拔拉　扎念扎耶　梭哈

།ཨོཾ་ཛམྦྷ་ལ་ཛ་ལེནྡྲ་ཡེ་སྭཱ་ཧཱ།

紅財神

【特德】 紅財神為五姓財神之一，有能招聚人、財、食等諸受用自在富饒之功德。

紅財神是薩迦派密法中的一位功德無比的財神。在藏密薩迦派，很重視紅財神的密修方法及教言。

紅財神一面二臂，二目善怒面，以各種寶物爲飾，頭戴五佛冠。懷中所抱明妃爲財源天母，掌管人道財富。古時王者或貴族常修此法，易與相應，爲懷愛之法門。

紅財神形相爲抱佛母二尊雙運像。頭戴寶冠，右手持摩尼寶，左手抓吐寶鼠，右腳伸左腳曲，抱財源天母以舞立姿，立於蓮花月輪上。

修習紅財神法，持誦念咒，可獲得紅財神護佑，財源茂盛，能免除窮困及一切經濟困境。而此修法也隨著修行者的發心而可獲致不同的果報，如果是發起無上菩提心者，則可得證世間及出世間福德圓滿，若是求世間財富者，亦可滿足，若是赤貧者，也可獲得食物充足的利益。

紅財神

白財神

【特德】白財神是五姓財神之一，主司智慧、功德及財富。

相傳白財神爲觀世音菩薩悲心所化現。

白財神的由來，相傳是當初阿底峽尊者朝禮觀世音菩薩的聖地時，在途中遇見一個貧病交迫的人飢餓將死，阿底峽想幫助他，無奈自己卻身無分文，於是他就想割自己的肉來佈施。可是飢者卻寧願自己餓死，也不忍心吃阿底峽的肉。阿底峽對自己無力救助困苦的眾生，感到遺憾悲傷，不禁流下感傷的眼淚。

這時，觀世音菩薩以大悲心化現爲路人，好心問明原委，阿底峽據實相告，路人聽聞後，不禁爲阿底峽的發心，流下感動的淚水。這時，奇妙的事發生了，路人忽然現出觀音菩薩莊嚴的寶相，左眼淚珠化現爲度母，右眼淚珠化現爲白財

白財神

神，菩薩並囑咐白財神親予阿底峽灌頂，修法教授，以圓滿幫助眾生脫離貧困，具足福德的心願。

白財神能祛除疾病，除去一切貧苦和罪惡障礙，增長一切善業，使一切受用資具財物富饒增上。

◎白財神的形像

白財神一面二臂，面容半怒半笑，三目圓睜，髮上衝，以五佛冠爲頭飾，上身披綢緞，巴乍勒嘎綢緞爲裙，以各類寶物爲飾。右手持寶棒，左手持三叉，足右屈左半伸。以龍爲騎，蓮花月輪爲座，身白如月光。

白財神以身白色，表示能使一切眾生具足潔白妙好之財寶，右手持寶棒表示匯聚一切財神之功德，能救度飢餓中的眾生之苦。

黑財神

【特德】 黑財神是五姓財神之一，因為身呈青黑色，所以名為黑財神，主司才能及權勢。

黑財神是五姓財神之一，有許多人認爲，黑財神是五姓財神中施財立即見效的財神，甚至稱他爲財神王。

相傳古印度有一個國王，因爲國庫空虛，財政困難，走頭無路之際，想投江自盡，這時，水中出現一個黑色的六歲童子，阻止國王自殺。

童子問明原委後，將致富之法傳予國王。這時，樹邊顯現一間水晶房屋，國王便進入做爲修行處，但國王未依所囑修滿六個月，只修持了兩個月，未見功效，失望之餘，想再度尋短，黑色童子又化現在他面前，告訴他要堅持下去，必能功德圓滿。當國王再入屋內時，只見裏面充滿珠寶，此黑色童子即黑財神也。

黑財神

⊙黑財神的形像

由於黑財神的傳承有很多種，所以形像也有不同。常見的黑財神一面兩臂，怒面三目，以不動佛冠爲頭飾，身材矮胖，紅髮黑膚裸體，大肚福相。右手捧嘎巴拉顱器，左手抓吐寶鼠，雙足右曲左伸，踏於蓮花月輪屍座上。

黑財神身呈青黑色，象徵以勝義中遠離一切遍計所執，即是意金剛自性，爲「自性淨無垢」；以不動佛冠爲頭飾表具不動佛之大悲所幻化之意；裸體無遮表大悲，一塵不染，一切無所障礙；持顱器表示悲心；抱吐寶鼠表滿足眾生求財之欲願。

修持黑財神法門，可獲其庇佑，消除怨敵、偷盜、病魔等障，使諸受用財富增長。

真　言：嗡雜叭拿雜聯扎雅涂涂嘛嘛古尼木尼梭哈

綠財神

【特德】

綠財神為五姓財神之一，其受釋迦牟尼佛囑咐，為一切貧苦眾轉大法輪，賜予世財、法財。

綠財神居於五姓財神之中央，是由無上瑜伽部的不二續「時輪金剛本續」所傳出的，爲東方不動佛所現的應化身。

綠財神一頭二臂三目，頭戴寶冠，身穿天衣、綢裙，右手持如意寶，左手輕抓口吐珠寶之蒙鼠，以如意坐左腳內曲，右腳輕踩海螺寶，與佛母雙運，安坐於蓮花月輪上。

綠財神

三面六臂紅財神

【特德】 三面六臂紅財神，代表大悲勾攝三界一切財寶，滿足一切眾生世間、出世間一切心願。

三面六臂紅財神，是西藏密教寧瑪巴派特有的一位財神，在藏密其它教派的寺院極爲少見，唯舊密寺院重視供養。

三面六臂紅財神，最早由蓮花生大師密藏在桑耶寺，後由通慧弟子開啟蓮師所藏的密教而傳承開來。他的多頭多臂的形像，代表集諸財神之功德於一身，由諸財神的「語密」所化現。

三面六臂紅財神身爲大紅色，以八龍王爲身飾，各種寶物爲飾物。具有三面，居中面紅色，右面爲白色，左面爲藍色。六臂中的右第一手持如意寶，第二手持金剛鉤；左第一手持盛滿寶物的顱器，第二手持羂索；左右第三手捧著吐寶鼠

三面六臂紅財神

。雙腳壓伏著兩夜叉，兩腳直立於蓮花月輪座上，展現威猛之相。

三面六臂紅財神身紅色表示大悲勾攝之意，能勾攝欲界、色界、無色界等三界一切功德財寶。手持如意寶表示滿足一切眾生心願，手持金剛鉤表示勾召三界有情，吐寶鼠表示給三界滿足財寶之福。右面爲白色表示度化天神，左面爲藍色表示度化天龍，居中面爲大紅色表示度化人間。

修習三面六臂紅財神法，持誦其咒，能使一切作爲圓滿成功，轉化惡運，能招聚人才、財富、資糧等諸受用自在富饒，增長一切善業，福德、壽命、智慧。

鬼子母神（訶利帝母）

【特德】鬼子母為一切幼兒的守護者，修此法能祈求生產平安，財富增長。

鬼子母神（梵名 Hārītī），爲夜叉女之一。音譯訶利帝，意譯又作歡喜母、鬼子母、愛子母。

在《根本說一切有部毗奈耶雜事》卷三十一中，記載鬼子母的本生故事。經中說鬼子母在過去世原本是王舍城中某個牧牛人的妻子，由於在某一次因緣中，她失去了胎中的孩子，心中怨恨難平，便以布施獨覺聖者的功德，迴向所發之惡願成就：她發願來生要生於王舍城，取食城中人眾所生之子。後來果真如願生王舍城作藥叉女。

此藥叉女名爲歡喜，父親爲王舍城藥叉神娑多。藥叉女長大之後，嫁給北方

鬼子母神

犍陀羅國藥叉半遮羅之子半支迦，生有五百個孩子，其最小兒子名爲愛兒。藥叉女因爲前世發下邪願的緣故，經常提取王舍城中的幼兒噉食。使王舍城中人心惶惶，不知如何是好。後來蒙守護王舍城的天神指示，才知是訶利底藥叉女所爲，便依天神指示，前去祈求佛陀慈悲調伏此藥叉女。

佛陀應允之後，就前往訶利底藥叉女的住處，趁藥叉女不在時，將她最喜愛的愛子藏在鉢中。

藥叉女回到住所之後，遍尋不見小兒，立即驚慌地四處奔走尋覓，還是不見愛兒蹤影，便搥胸悲泣，大聲號叫，幾乎要發狂了；於是她更奔至四方四海，乃至地獄，層層天界，痛切迷亂、悲號啼泣的尋找。直尋至北方多聞天，也就是毗沙門天王的住處，天王才指點她前往世尊的處所，便可見到她的愛兒。

訶利底藥叉女來到世尊安住之處，祈求世尊讓她見她的小子愛兒。佛陀就訓誡她：「妳只是失去五百子中的一個孩子，就這麼悲痛欲狂，那些被妳吃掉幼兒的父母，又是如何的痛苦呢？」

訶利底女聽了佛陀的教誨，頓然悔悟，從此就依佛陀的教誨，不但不再危害世人，反而變成幼兒的守護者。

而佛陀也慈悲地咐囑弟子，在受施主供養時，在行末設食一盤，呼鬼子母及其子之名共同受供，使其飽食永遠無有飢苦。

在《南海寄歸內法傳》中記載，西方諸寺，每每在門屋處或在食廚邊，塑畫鬼子母形，抱一兒於其膝下，或五或三，以表其像，並且每日於其前盛陳供食。以鬼子母神爲本尊所修的法，稱爲訶利帝母法，主要在祈求生產平安，財富增益之修法。

在日本常爲祈求安產而奉祀訶利帝母像，因此訶梨帝母法頗爲流行，其所祀形像多爲天女像。左手懷抱一子，右手持吉祥果，姿態端麗豐盈。

真　言：

唵① 努努摩哩迦呬諦② 娑嚩賀③

oṃ① dundumālikāhite② svāhā③

歸命① 努努摩哩迦呬諦（頸飾青鬘的鬼子母神）② 成就③

龍王

【特德】龍王具有廣大的威力和誓願，能護持眾生增長財寶、壽命，國土安穩。

龍（梵名nāga），音譯「那伽」、「曩誐」。龍族居住在水中，能呼雲興雨，爲蛇形鬼類，也是守護佛法之八部眾之一。龍族的領袖稱爲龍王（nāgarāja），他們具足強大的威力，常爲佛的守護者。

龍王具有廣大的威神力，在佛教當中，法行的龍王都曾在佛前發起甚深的誓願，要護持佛法及佛教的修行人。所以，如果能供養龍王，使他們憶起自己的本誓，並生起大歡喜心，則能護持國土，消除不祥、災難，並增長財寶、壽命，使甘露普潤、五穀豐熟，國土安穩、萬民安樂。

龍王也屬於財神之一，亦即所有一切財神，特別是土、水皆屬於龍王所管轄，如果龍王歡喜，則會給予祈願者所有一切財富、福德、功德等。

供養龍王有下列的功德利益：

1.不易有地震、洪水、乾旱等自然災害。

2.常給大地滋潤，使五穀、蔬菜豐收。

3.福德、壽命、財富增長。

4.求子者，易獲得子嗣。

5.一切祈求滿願。

在諸尊龍王中，以五大龍王及八大龍王最爲著稱。

五大龍王又稱爲五類龍王，分別是指：善住龍王（梵名Susamsthita-nāgā-rājā）、難陀波難陀龍王（梵名Nandopananda-nāgā-rājā）、阿耨達龍王（梵名Anavatapta-nāgā-rājā）、婆樓那龍王（梵名Varuṇa-nāgā-rājā）、摩那蘇婆帝龍王（梵名Manasvi-nāgā-rājā）。

此五大龍王依次爲一切象龍、蛇龍、馬龍、魚龍及蝦蟇龍之主，由於歸依佛陀的威神力，能奉行大乘之法，精進修行，約束眷屬，不得對眾生作出種種嬈害之事。

八大龍王是指八位龍王，乃是列於《法華經》法會座上的護法善神。此八位龍王，即：

1.難陀龍王（梵名Nanda），意譯爲歡喜龍王，乃護法龍神的上首。

2.烏波難陀龍王（梵名Upananda），意譯賢喜龍王，又稱優波難陀龍王，與難陀龍王爲兄弟。

3.娑伽羅龍王（梵名Sāgara），意譯爲海龍王，又稱娑竭羅龍王，爲古來請雨法的本尊，也是觀音二十八部眾之一。

4.和修吉龍王（梵名Vasuki），意譯爲寶有龍王、寶稱龍王、多頭龍王、九頭龍王，又稱婆修豎龍王、筏蘇枳龍王。能繞妙高山，並以小龍爲食。

5.德叉伽龍王（梵名Takṣaka），意譯爲多舌龍王、兩舌龍王、視毒龍王、現毒龍王、能損害者龍王。以怒視即可使人畜即時命終。

6.阿那婆達多龍王（梵名Anavatapta），意譯爲無熱惱龍王，又稱阿耨達龍王，住於雪山頂之阿耨達池。

7.摩那斯龍王（梵名Manasvin），意譯為大意龍王、高意龍王、慈心龍王、大力龍王、大身龍王，又稱摩那蘇婆帝龍王。

8.優婆羅龍王（梵名Utpalaka），意譯為青蓮龍王。因住於青蓮華池而得此名。

《佛母大孔雀明王經》卷中更舉出佛世尊龍王以下，乃至小白龍王等一百六十餘種龍王的名稱，而且說這些皆是具足福德的龍王，如果能稱念其名，則能獲得廣大利益。這些龍王在大地上，有時發出震響，有時放出光明，或降甘霖，使苗稼成熟。

在《大雲輪請雨經》中也提到難那龍王，乃至尾羯吒等龍王，並說這些龍王各自有陀羅尼，能夠施予一切眾生安樂，於贍部洲依時序降注甘霖，使一切樹木叢林藥草苗稼皆得增長。

真　言：

南麼①　三曼多勃馱喃②　迷伽③　設濘曳④　娑嚩訶⑤

𑖡𑖦𑖾①　𑖭𑖦𑖡𑖿𑖝𑖤𑖲𑖟𑖿𑖠𑖯𑖡𑖯𑖽②　𑖦𑖸𑖑③　𑖫𑖡𑖰𑖧𑖸④　𑖭𑖿𑖪𑖯𑖮𑖯⑤

oṃ① samanta-buddhānāṃ② megha③ asaniye④ svāhā⑤

歸命① 普遍諸佛② 雲③ 噉④ 成就⑤

迦樓羅

【特德】 修此法可得末法利益、速疾靈驗、得一切寶鳥王心成寶珠、行人得龍宮寶、得天上甘露、得財寶、降雨雪、龍王來等功德。

迦樓羅（梵名 garuḍa），又稱爲金翅鳥（suparṇa，蘇鉢剌尼）、妙翅鳥、食吐悲苦聲等名。迦樓羅原本是印度神話中，一種性格猛烈的大鳥，相傳爲印度毗濕奴天神的座騎。是佛教天龍八部眾之一。

密教修法中，以迦樓羅王（金翅鳥）爲本尊，爲除病患，止風雨、避惡雷等所修之祕法。依迦樓羅及諸天密言經載，凡持此法門，天上天下皆能過，不唯眾人冤敵及鬼神均不敢近，又爲悉地成就諸法中之最勝者。據《覺禪鈔》迦樓羅法諸軌載，修此法可得末法利益、速疾靈驗、得一切寶鳥王心成寶珠、行人得龍宮寶、得天上甘露、得財寶、降雨雪、龍王來、除蛇難、散軍陣、伏怨家、敬愛法、除病、喚遠所人、召魚類等功德。

於佛教諸典均載有此鳥之名，《長阿含經》卷十九即謂，金翅鳥有卵生、胎生、濕生、化生等四種，卵生之金翅鳥可食卵生之龍，胎生之金翅鳥可食胎生、卵生之龍；濕生之金翅鳥可食濕生、卵生、胎生之龍，化生之金翅鳥可食化生及其餘諸種之龍。《觀佛三昧海經》卷一載，此鳥以業報之故，得以諸風，若入人眼，其人則失明。於大乘諸經典中，此鳥列屬八大部眾之一，與天、龍、阿修羅等共列位於佛說法之會座。

在《白寶口抄》卷第一百五十金翅鳥法中說，如果要修迦樓羅之增益法，應如下法所說：「阿尾奢法云：塗一小壇，著香花飲食，誦真言一百八反，則現身，則言龍宮中取長年藥如意寶珠。鳥王品云：孔雀羽護摩足財寶。又法，若求金應燒鳥翎。」

依佛典所載，迦樓羅的翅膀是由眾寶交織而成，所以又稱金翅鳥或妙翅鳥。這種鳥的軀體極大，兩翅一張開，有數千餘里，甚至於數百萬里之大。《經律異相》卷四十八中說，此鳥所扇之風，若入人眼，其人則失明。《菩薩從兜術天降

迦樓羅

神母胎說廣普經》卷七又載，金翅鳥王身長八千由旬、左右翅各長四千由旬。而其畫像，多爲捉食諸龍族之模樣。

種子字：𑖐（ga）

三昧耶形：樂器

手　印：迦樓羅印

真　言：

心真言

唵① 枳悉波② 娑縛賀③

𑖌𑖼① 𑖎𑖿𑖬𑖰 𑖢② 𑖭𑖿𑖪𑖯 𑖮𑖯③

oṃ① kṣipa② svāhā③

歸命① 搏擊② 成就③

佛教小百科⑫

財寶本尊與財神

編者／全佛編輯部
發行人／黃瑩娟
執行編輯／蕭婉珍　劉婉玲　吳美蓮
出版者／全佛文化事業有限公司
台北市松江路69巷10號5F
永久信箱／台北郵政26-341號信箱
電話／(02) 25081731　傳真／(02) 25081733
郵政劃撥／19203747　全佛文化事業有限公司
E-mail ／ buddhall@ms7.hinet.net
http://www.buddhall.com

行銷代理／紅螞蟻圖書有限公司
台北市內湖區舊宗路2段121巷28之32號4樓（富頂科技大樓）
電話／(02) 27953656　傳真／(02) 27954100

初版／2000 年 4 月
初版四刷／2010 年 5 月
定價／新台幣 350 元

國家圖書館出版品預行編目資料

財寶本尊與財神／全佛編輯部主編.
--初版.--臺北市：全佛文化，1999[民89]
面；　　公分.--（佛教小百科：12）
ISBN 957-8254-77-6（平裝）

1. 菩薩

229.2　　89004356